Tristan Leichsenring

Technische Indikatoren im Test

Eine Untersuchung am DAX

Diplomica Verlag GmbH

Leichsenring, Tristan: Technische Indikatoren im Test: Eine Untersuchung am DAX.
Hamburg, Diplomica Verlag GmbH 2013

Buch-ISBN: 978-3-8428-8459-5
PDF-eBook-ISBN: 978-3-8428-3459-0
Druck/Herstellung: Diplomica® Verlag GmbH, Hamburg, 2013

Bibliografische Information der Deutschen Nationalbibliothek:
Die Deutsche Nationalbibliothek verzeichnet diese Publikation in der Deutschen
Nationalbibliografie; detaillierte bibliografische Daten sind im Internet über
http://dnb.d-nb.de abrufbar.

Das Werk einschließlich aller seiner Teile ist urheberrechtlich geschützt. Jede Verwertung außerhalb der Grenzen des Urheberrechtsgesetzes ist ohne Zustimmung des Verlages unzulässig und strafbar. Dies gilt insbesondere für Vervielfältigungen, Übersetzungen, Mikroverfilmungen und die Einspeicherung und Bearbeitung in elektronischen Systemen.

Die Wiedergabe von Gebrauchsnamen, Handelsnamen, Warenbezeichnungen usw. in diesem Werk berechtigt auch ohne besondere Kennzeichnung nicht zu der Annahme, dass solche Namen im Sinne der Warenzeichen- und Markenschutz-Gesetzgebung als frei zu betrachten wären und daher von jedermann benutzt werden dürften.

Die Informationen in diesem Werk wurden mit Sorgfalt erarbeitet. Dennoch können Fehler nicht vollständig ausgeschlossen werden und die Diplomica Verlag GmbH, die Autoren oder Übersetzer übernehmen keine juristische Verantwortung oder irgendeine Haftung für evtl. verbliebene fehlerhafte Angaben und deren Folgen.

Alle Rechte vorbehalten

© Diplomica Verlag GmbH
Hermannstal 119k, 22119 Hamburg
http://www.diplomica-verlag.de, Hamburg 2013
Printed in Germany

Inhaltsverzeichnis

Abbildungsverzeichnis IV
Tabellenverzeichnis V
Abkürzungsverzeichnis V

1. Vorwort und Einleitung 1

   1.1 Zeitreihen 2

   1.2 Zeitreihenanalyse 2

   1.3 Anwendung 3

   1.4 Begriffsklärungen 3
       1.4.1 Arbitrage und Arbitragefreiheit 3
       1.4.2 Arbitrage-Bedingung 4
       1.4.3 Überrendite 4
       1.4.4 Self-Fulfilling Prophecy 4

2. Modelle für Finanzdaten 5

   2.1 Definitionen 5
       2.1.1 Stochastischer Prozess 5
       2.1.2 Mittelwertfunktion 5
       2.1.3 Varianzfunktion 5
       2.1.4 Autokovarianzfunktion 6
       2.1.5 Stationarität 6
       2.1.6 Weißes Rauschen 6
       2.1.7 Random Walk 6
       2.1.8 Autokorrelationsfunktion 7
       2.1.9 Lag Operator 7
       2.1.10 Rendite und log-Rendite 7
       2.1.11 Schiefe 8
       2.1.12 Kurtosis 8

   2.2 Allgemeiner linearer Prozess 9

   2.3 Integrierter Prozess 9

   2.4 Autoregressiver Prozess 9
       2.4.1 Stationaritätsbedingung 9
       2.4.2 Schätzung der Parameteranzahl 10
       2.4.3 Yule-Walker-Schätzer 10
       2.4.4 Kleinste-Quadrate-Schätzer 11

   2.5 Moving Average Prozess 12

   2.6 ARMA-Modell 13
       2.6.1 Stationaritätsbedingung 14
       2.6.2 Invertierbarkeit 14

2.6.3 Partielle Autokorrelationsfunktion 15
2.6.4 Maximum Likelihood Schätzer 16

2.7 ARIMA-Modell 16

2.8 Eigenschaften und Phänomene von Finanzmarktdaten 17

2.9 ARCH – Modell 18
2.9.1 ARCH(q)-Modell 19
2.9.2 Schätzung von ARCH(q)-Modellen 19
2.9.3 Beispiel ARCH(1)-Modell 20

2.10 GARCH – Modell 21
2.10.1 GARCH (p, q)-Modell 21
2.10.2 Schätzung von GARCH(p,q)-Modellen 22
2.10.3 Anwendung 22

2.11 ARMA-GARCH-Modell 22

3. Verfahren zur Modellauswahl 23

3.1 Akaike's Informations Kriterium 23

3.2 Schwarz-Bayes Informations Kriterium 23

4. Technische Indikatoren 24

4.1 Indikatorkategorien 24
4.1.1 Trendfolger 24
4.1.2 Oszillatoren 25
4.1.3 Trendstärke- und Volatilitätsindikatoren 26
4.1.4 Volumenindikatoren 26

4.2 Einzelindikatoren 27
4.2.1 Moving Average-Indikatoren 27
4.2.1.1 Simple Moving Average 28
4.2.1.2 Weighted Moving Average 28
4.2.1.3 Exponential Moving Average 29
4.2.1.4 Triangular Moving Average 29
4.2.1.5 Variable Moving Average 29
4.2.2 Crossing Moving Averages 30
4.2.3 Envelopes 30
4.2.4 Bollinger Band 31
4.2.5 Momentum 33
4.2.6 Relative Strength Index 35
4.2.7 Williams %R 37
4.2.8 TRIX 38
4.2.9 1-2-3-4-Regel 39

4.3 Indikator-Modifizierung und -Kombination 40
4.3.1 Envelopes-Modifikation 40

4.3.2	Momentum-Modifikation	40
4.3.3	1-2-3-4er –Modifikation	41
4.3.4	Signal-Kombination von Crossing Moving Average und Bollinger Band	42
4.3.5	Indikator-Kombination über eine Mindest-Signalanzahl	42
4.3.6	Stop Loss Funktionen	42

5. Modell-Anpassung und Simulation der Finanzzeitreihen 44

5.1 Modellauswahl 44

5.2 Simulation 45

5.3 Untersuchungsablauf und Vergleichsbildung 46

6. Anwendung und Auswertung der Indikatoren für den Betrachtungszeitraum 48

6.1 Equity-Kurven der Standard-Indikatoren 48
6.1.1	Simple Moving Averages	49
6.1.2	Crossing Moving Averages	54
6.1.3	Exponential Moving Average	56
6.1.4	Bollinger Band	57
6.1.5	Envelopes	59
6.1.6	Momentum	61
6.1.7	Relative Strength Index	63
6.1.8	Williams %R	64
6.1.9	TRIX	65
6.1.10	1-2-3-4er	66

6.2 Equity Kurven der Indikator-Modifikationen und Kombinationen 67
6.2.1	Envelopes-Modifikation	67
6.2.2	Momentum-Modifikation	68
6.2.3	1-2-3-4er Modifikation	69
6.2.4	Signal-Kombination von Crossing Moving Average und Bollinger Band	70
6.2.5	Indikatoren-Kombination über Mindest-Signalanzahl	71

6.3 Ergebnisse der Standard-Indikatoren in Zahlen 72

6.4 Ergebnisse der Indikator-Modifikationen und Kombinationen in Zahlen 77
6.4.1	Envelopes-Modifikation	77
6.4.2	Momentum-Modifikation	78
6.4.3	1-2-3-4er Modifikation	78
6.4.4	Signal-Kombination von Crossing Moving Average und Bollinger Band	79
6.4.5	Indikatoren-Kombination über Mindest-Signalanzahl	80

7. Backtesting 82

8. Gesamt-Auswertung und kritische Betrachtung 83

9. Fazit 84

A Anhang 85

Literaturverzeichnis **87**

Abbildungsverzeichnis

Abbildung 2.1   Korrelogramm der ACF für AR(1)-Prozess 11
Abbildung 2.2   Korrelogramm der ACF für AR(2)-Prozess 11
Abbildung 2.3   Korrelogramm der ACF für MA(1)-Prozess 13
Abbildung 2.4   Korrelogramm der ACF für ARMA(1,1)-Prozess 14
Abbildung 2.5   Log-Returns der First Solar Aktie 18

Abbildung 4.1   Trendkanäle beim DAX-Kurs 24
Abbildung 4.2   Handelssignale bei einem Simple Moving Average der Länge 20 27
Abbildung 4.3   Handelssignale bei Envelopes 31
Abbildung 4.4   Bollinger Band mit Handelssignalen und Fehlsignalen 32
Abbildung 4.5   Handelssignale eines Momentum mit n=12 mit Signalen mit und ohne Filter 34
Abbildung 4.6   Handelssignale des Relative Strength Index auf 14-Tage-Basis 36
Abbildung 4.7   Handelssignale des Williams %R mit 5-Tages-Regel 38
Abbildung 4.8   Handelssignale des TRIX mit Trigger 39
Abbildung 4.9   Kursanstiegs- und Abstiegsszenarien 41
Abbildung 4.10 Beispiele für Unterstützungs-, Widerstands- und Trendlinien 43

Abbildung 5.1   Chart der DAX-Entwicklung vom 18.11.2010-26.10.2012 44
Abbildung 5.2   Log-Returns der DAX-Zeitreihe 44

Abbildung 6.1   Relative Equity-Kurven des Simple Moving Average der Länge 30 49
Abbildung 6.2   Relative Equity-Kurven des Simple Moving Average der Länge 20 50
Abbildung 6.3   Relative Equity-Kurven des Simple Moving Average der Länge 15 51
Abbildung 6.4   Relative Equity-Kurven des Simple Moving Average der Länge 10 52
Abbildung 6.5   Relative Equity-Kurven des Simple Moving Average der Länge 3 53
Abbildung 6.6   Relative Equity-Kurven des Kreuzen von 15er und 30er SMA 54
Abbildung 6.7   Relative Equity-Kurven des Kreuzen von 10er und 15er SMA 55
Abbildung 6.8   Relative Equity-Kurven des Exponential Moving Average der Länge 15 56
Abbildung 6.9   Relative Equity-Kurven des Bollinger Bandes, doppelte Standardabweichung 57
Abbildung 6.10 Relative Equity-Kurven des Bollinger Bandes, 1,8fache Standardabweichung 58
Abbildung 6.11 Relative Equity-Kurven der Envelopes, Abstand 3,5 Prozent zum SMA 20 59
Abbildung 6.12 Relative Equity-Kurven der Envelopes, Abstand 3,0 Prozent zum SMA 20 60
Abbildung 6.13 Relative Equity-Kurven des Momentum der Länge 12 61
Abbildung 6.14 Relative Equity-Kurven des Momentum der Länge 25 62
Abbildung 6.15 Relative Equity-Kurven des Relative Strength Index der Länge 14 63
Abbildung 6.16 Relative Equity-Kurven des Williams %R 64
Abbildung 6.17 Relative Equity-Kurven des TRIX 65
Abbildung 6.18 Relative Equity-Kurven des 1-2-3-4er 66
Abbildung 6.19 Relative Equity-Kurven der Envelopes-Modifikation 67
Abbildung 6.20 Relative Equity-Kurven der Momentum-Modifikation 68
Abbildung 6.21 Relative Equity-Kurven der 1-2-3-4er-Modifikation 69
Abbildung 6.22 Relative Equity-Kurven der Signal-Kombination von
                Crossing Moving Average und Bollinger Band 70
Abbildung 6.23 Relative Equity-Kurven der Kombination über Mindest-Signalanzahl 71

Tabellenverzeichnis

Tabelle 1   Gesamt-Renditen der Indikatoranwendung 72
Tabelle 2   Überrenditen der Indikatoranwendung 72
Tabelle 3   Kriterienerfüllung der Indikatoren nach Abzug des Mindestmaß 74
Tabelle 4   Kriterienerfüllung der Indikatoren ohne Mindestmaßbereinigung 74
Tabelle 5   Erfolgsbeiträge der Einzelindikatoren 76
Tabelle 6   Vergleich der Anpassungsgüte 76
Tabelle 7   Renditen und Kriterienerfüllung der Envelopes-Modifikation 77
Tabelle 8   Renditen der Momentum-Modifikation 78
Tabelle 9   Renditen der 1-2-3-4er-Modifikation 79
Tabelle 10 Renditen der Signal-Kombination von Crossing SMA 15/30 und Bollinger Band 79
Tabelle 11 Renditen der Indikatorkombination über Mindest-Signalanzahl 80
Tabelle 12 Tagesrendite im Analysezeitraum und in der Backtesting-Phase 82
Tabelle A1 Parameter d. GARCH-Modelle und GARCH-Anteile d. ARMA-GARCH-Modells 85
Tabelle A2 ARMA-Anteile des ARMA-GARCH-Modells 86
Tabelle A3 Werte der Informationskriterien für die Modelle 86

Abkürzungsverzeichnis

ACF	Autokorrelationsfunktion
PACF	Partielle Autokorrelationsfunktion
AR	Autoregressiv
AIC	Akaike's Informations Criterium
SBC	Schwarz-Bayes-Criterium
u.i.v.	unabhängig identisch verteilt
KPSS	Stationaritätstest von Kwiatkowski, Phillips, Schmidt, Shin
Y-W-S	Yule Walker Schätzer
SMA	Simple Moving Average
EMA	Exponential Moving Average
VMA	Variable Moving Average
WMA	Weighted Moving Average
RSI	Relativ Strength Index
H_n	Kurshoch in Periode der Länge n
L_n	Kurstief in Periode der Länge n
DAX	Deutscher Aktien Index

1. Vorwort und Einleitung

Mit der Einführung der empirischen und statistischen Auswertung von Börsendaten seit Beginn des 20. Jahrhunderts haben sich unzählige Verfahren herausgebildet im Versuch, zukünftige Kurse und Entwicklungen zu prognostizieren. Ziel ist es stets, mit daraus gewonnenen Handelsstrategien, Gewinne zu generieren.

Zu diesen Verfahren gehört unter anderem die Anwendung von Indikatoren. Diese sollen, auf mathematischer Grundlage, verschiedene Informationen bereitstellen über die jeweiligen Marktphasen und die entsprechende Handlungsweise. Es können der Theorie zu Folge beispielsweise Entscheidungen unterstützt oder bestätigt werden, ob ein bestimmter Finanztitel gekauft, verkauft oder gehalten werden soll. Dies könnte zu Arbitrage-Gewinnen führen.

Nun könnte behauptet werden, Arbitrage-Gewinne seien unter der Annahme eines perfekten Finanzmarktes nicht möglich und somit auch die Anwendung technischer Indikatoren zwecklos. Allerdings hat die Geschichte stets gezeigt, dass dieser eben nicht perfekt ist, schon aufgrund der ungleichen Verteilung von Informationen. Bestes Beispiel hierfür war der Facebook-Börsengang.

Beim Einsatz von Indikatoren könnte außerdem eine Self-Fulfilling Prophecy unterstellt werden. Jene besagt, dass die Indikatoren nur deswegen funktionieren weil sie von vielen Akteuren gleichzeitig verwendet werden. Dies sollte jedoch nur für allgemein bekannte Indikatoren mit standardisierter Einstellung zutreffen. Individuell kreierte sollten sich theoretisch dem Argument entziehen.

Um das Argument der selbsterfüllenden Prophezeiung bei Standard-Indikatoren zu untersuchen, werden die Börsendaten mehrfach simuliert, wozu vorher an eine Finanzzeitreihe ein analytisches Modell angepasst wird. Untersucht werden Indikatoren auf der Basis von Tagesschlusskursen. Ziel ist es zu zeigen, dass es möglich ist mit Hilfe bestimmter Indikatoren bei Realzeitreihen Gewinne zu erzielen bzw. eine Überrendite zu generieren. Darüber hinaus soll untersucht werden inwieweit eine Kombination von Indikatoren zu besseren Ergebnissen führt.

"Auf Finanzmärkten sind extreme Kursumschwünge die Regel und keine Abweichung, die man ignorieren kann. Preisbewegungen folgen nicht der manierlichen Glockenkurve, wie die moderne Finanztheorie annimmt, sondern sind an einer wilden Kurve ausgerichtet, die den Weg eines Anlegers viel holpriger macht. Eine vernünftige Handelsstrategie oder Portfoliozusammenstellung müsste diese kalte, harte Tatsache in ihre Grundlagen einbauen." Benoit Mandelbrot [Mandelbrot/Hudson 2007, S.47]

1.1 Zeitreihen

Die zum Einsatz kommenden Börsendaten, für die sinnvolle Indikatoren gesucht werden, sind zunächst einmal als Zeitreihen zu deklarieren, die zu diskreten Zeitpunkten ermittelt wurden. Zeitreihen sind gesammelte und zu ausgewählten Zeitpunkten t aufgenommene Beobachtungen. Genau betrachtet sind es endliche Folgen oder endliche Realisierungen zeitlich geordneter Messwerte oder eines stochastischen Prozesses.

$$[(X_t)|t = 1,2,\ldots,T](X_t)_{t \in T}$$

$$t_1 < t_2 < \cdots < t_T$$

T= Parametermenge einer endlich und diskreter Menge gleichabständiger Zeitpunkte [Schlittgen/Streitberg 2004, S.1]

$X_t \in \mathbb{R}: Messwert\ zum\ Zeitpunkt\ t$ z.B.: Kurswert eines Index, einer Aktie oder Rendite

Allgemeine Eigenschaften beobachteter Finanzzeitreihen

- Informationsbedingte Erwartungswerte tendieren gegen Null
- Die Messwerte der jeweiligen Größe können voneinander abhängig sein.
- Quadrierte und absolute Werte zeigen Abhängigkeiten
- Varianzen tendieren zur Veränderung im Zeitablauf
- Über- und unterdurchschnittliche Werte treten in Clustern auf

1.2 Zeitreihenanalyse

Die statistische und mathematische Analyse von Zeitreihen, speziell von Finanzdaten, dient hauptsächlich der Generierung oder Auslese von Informationen zur Beschreibung, Erkennung und Bereinigung von Zyklen und Trends und zur Filterung der Daten. Letztlich dient es der Prognose ökonomischer Größen, indem versucht wird Gesetzmäßigkeiten zu erkennen, auf deren Basis wiederum ein Model angepasst wird. Darauf wird in Kapitel 2 näher eingegangen.

Vorgehen

- Graphische Darstellung der Beobachtungen (Zeitreihenplot)
- Modellauswahl und Parameterschätzung
- Überprüfung des Modells z.B. mit Residuen-Analyse
  und Vergleich mit Alternativ-Modellen und bei Bedarf Revision

Beschreibung

Anpassung der Zeitreihe zur Erkennung von Regelmäßigkeiten inklusive der Funktionsananpassung mit bestimmten Methoden und Zerlegungen in Komponenten wie z.B. Trend-, Saison- und Restkomponente.

Modellierung

Ergänzung der Beschreibung durch eine Modellierung inklusive der Schätzung und Approximation stochastischer Modelle, was damit einer Reihung von Zufallsvariablen gleichkommt.

1.3 Anwendung

In dieser Untersuchung soll mit Hilfe der Zeitreihenanalyse ein Modell ermittelt werden, auf dessen Basis sich geeignete Simulationen durchführen lassen. Für Finanzmarktdaten eignen sich besonders generalisierte Modelle autoregressiver und bedingter Heteroskedastie (GARCH-Modelle), siehe Kapitel 2.10. Hier werden nicht die Kurs- oder Wertentwicklungen untersucht und modelliert sondern die Varianzen der gemessenen Größe. Dabei wird auch nicht wie in klassischen Modellen, von im Zeitablauf konstanter Varianz ausgegangen, sondern von einer veränderlichen Varianz. Dieses Verhalten ist schon zu erkennen wenn die graphische Darstellung der Renditen analysiert wird, siehe u.a. Abbildung 2.5 auf Seite 17.

Simulationen bilden die Grundlage zur Entwicklung und zum Test von technischen Indikatoren. Die Indikatoren selbst können wiederum Zeitreihen darstellen, deren Verhalten zu Signalen transformiert wird. Nach deren Anwendung als Transaktionsentscheidung, gibt die Qualität dieser Signale, die Qualität der getesteten Indikatoren wider.

Die Modellanpassung an die Zeitreihe und damit auch die Parameterschätzung des Modells erfolgten genau wie die darauf basierenden Simulationen mit dem Statistikprogramm **R**. In diesem Programm erzeugte Daten wurden anschließend in für Excel lesbare Dateien transformiert. Im Office-Programm Excel wurden dann die Indikatoren formuliert und an den simulierten Finanzzeitreihen getestet.

1.4 Begriffsklärungen

1.4.1 Arbitrage und Arbitragefreiheit

Arbitrage kann als risikoloser Gewinn gesehen werden. Diese Gewinnart ist nur in einem nicht-idealen Finanzmarkt möglich auf dem informelle oder technologische Asymmetrien herrschen. Als technologische Asymmetrie könnte beispielsweise ein Fall verstanden werden, bei dem ein Handels-Computersystem schneller Transaktionen ausführen kann als das System eines anderen Marktakteurs oder ein System effektivere Algorithmen berechnen kann. Auf diesem Gebiet herrscht ein regelrechtes Wettrüsten. Die Entwicklung eines individuellen Indikators, welcher also nur dem Entwickler bekannt ist und selbst wenn er nur kurzfristig einsetzbar ist, eröffnet theoretisch die gleiche Möglichkeit. Dabei verschwimmt der Unterschied zwischen informeller und technologischer Asymmetrie. Zu beachten ist der jeweilige Einfluss eines einzelnen Akteurs auf die Preisbildung am Markt. Je größer der Einfluss, umso größer ist die Gefahr dass sein informeller Vorsprung vom Markt entdeckt wird und sein Verhalten kopiert wird. Wobei dies natürlich auch Manipulationsmöglichkeiten eröffnet. Für das Depot soll eine Größe angenommen werden, die in Relation zum betroffenen Gesamtmarkt zu gering wäre, als dass sie den Markt beeinflussen könnte.

Arbitragefreiheit hingegen bedingt die Existenz eines idealen Finanzmarktes, was bedeutet, dass jeder Marktakteur über die gleichen Informationen und technologischen Ressourcen verfügt. Ein perfekter Finanzmarkt verlangt neben der Annahme der Arbitragefreiheit und der Gleichheit von Haben- und Sollzinsen auch das Fehlen von Steuern, Transaktionskosten und anderen Transaktionsbeschränkungen. Es sei erwähnt, dass die Existenz der genannten anderen Bedingungen Arbitragefreiheit nicht gleichzeitig voraussetzen, sich also nicht gegenseitig bedingen.

In dieser Untersuchung wird die Existenz von Steuern nicht berücksichtigt. Da die Transaktionskosten im aktuellen Marktumfeld in Verhältnis zur Depotgröße verschwindet gering sind, werden auch diese vernachlässigt.

1.4.2 Arbitrage-Bedingung

Diese Bedingung bedeutet, dass es auf lange Sicht nicht möglich ist Arbitrage zu erzielen durch den Handel von Vermögensgegenständen unter Anwendung gleicher Handelsmethoden. Grund ist der ständige Angleichungsprozess dem Preise unterliegen. Jener Bedingung ordnet sich auch die Anwendung der Indikatoren unter, weswegen dies eine der Annahmen hier darstellt. [Franke/Härdle/Hafner 2004, S.13; Demmler 1993, S.61]

Denn sobald ein Indikator angewendet wird und die damit verbundenen Transaktionen die Preise beeinflussen, und sei es nur minimal, fließt das damit erzeugte Preisänderungsverhalten automatisch in die Berechnungsmethoden anderer Akteure ein. In diesem Prozess geht der eigene Vorteil langfristig verloren.

1.4.3 Überrendite

Als Überrendite lässt sich eine Renditeerzielung bezeichnen, welche über der des jeweiligen Basiswertes innerhalb des gleichen Zeitraumes liegt. Dies bedeutet, dass der Vermögenswert des Investors schneller wächst als der Basiswert. Bei der Betrachtung der Überrendite ist auf einen korrekten Vergleich zwischen Vermögenswert und Basiswert zu achten, bspw. auf die Art der Renditeberechnung

1.4.4 Self-Fulfilling-Prophecy

Sie beschreibt eine Prognose, die nur aus dem Grund eintritt, weil sich die überwiegende Zahl der Marktteilnehmer dieser Prognose entsprechend verhält. So kann bspw. die Ankündigung einer Kurssteigerung durch einen anerkannten Marktteilnehmer, zu einer Spekulation auf höhere Kurse durch die anderen Marktakteure führen, was die Kurssteigerung damit erst auslöst.

2. Modelle für Finanzdaten

2.1 Definitionen

2.1.1 Stochastischer Prozess

Die klassische Zeitreihenanalyse sieht eine Zeitreihe als Abfolge fester reeller Zahlen X_t ($t = 0, 1, 2,\ldots, T$). Bei ökonomischen Modellgrößen wird allerdings an jedem Zeitpunkt t das Vorliegen einer Zufallsvariable angenommen. Eine Zeitreihe gilt in diesem Sinne als stochastischer Prozess oder als Realisation eines solchen.
Der Prozess ist als eine Familie von Zufallsvariablen $X_t(\omega,t)$ mit $t \in T$ und $\omega \in \Omega$ auf dem Wahrscheinlichkeitsraum (Ω, F, P) definiert. Für $T \in \mathbb{Z}$ ist es ein Prozess in diskreter Zeit.
X_t ist zu konkreten Zeitpunkten t eine Zufallsvariable mit einer bestimmten Verteilungsfunktion und $X(\omega) = \{X_t(\omega), t \in \mathbb{Z}\}$ für konkretes ω die Realisierung des Prozesses.
Die Realisationsmenge von $X\{X(\omega,t)|\ \omega \in \Omega, t \in \mathbb{Z}\}$ ergibt folglich dessen Zustandsraum.
[Franke 2004, S.140; Rinne 2002, S.157]

Mit $$F_{t_1,\ldots,t_n}(x_1,\ldots,x_n) = P(X_{t_1} \leq x_1,\ldots,X_{t_n} \leq x_n)$$
wird die <u>gemeinsame Verteilungsfunktion</u> eines stochastischen Prozesses definiert. Ist diese Verteilungsfunktion für beliebige $t_1,\ldots,t_n \in \mathbb{Z}$ bekannt, so ist der zugrundeliegende Prozess X_t damit identifiziert.
Eine <u>bedingte Verteilungsfunktion</u> des stochastischen Prozesses X_t für willkürliche $t_n \in \mathbb{Z}$ und $t_1 < t_2 < \ldots t_n$ ist definiert mit:
$$F_{t_n|t_{n-1},\ldots,t_1}(x_n|x_{n-1},\ldots,x_1) = P(X_{t_n} \leq x_n|X_{t_{n-1}} = x_{n-1},\ldots,X_{t_1} = x_1).$$

Da es beim praktischen Einsatz meist nicht möglich ist, sämtliche Verteilungsfunktionen solcher stochastischer Prozesse zu definieren, wird sich auf eine unvollständige Beschreibung beschränkt. Der stochastische Prozess wird dann durch seine Momente 1. und 2. Ordnung (auf ein- bzw. zweidimensionaler Verteilung beruhend) beschrieben. Die zeitabhängigen Momente sind in der Mittelwert-, Varianz-, Autokovarianz-, und der Autokorrelationsfunktion definiert.

2.1.2 Mittelwertfunktion

Die Mittelwertfunktion gleicht für jeden Zeitpunkt t dem Erwartungswert der Zufallsgröße X_t und ist definiert mit: $$\mu_t = E[X_t] = \int_R x\, dF_t(x).$$

Sie bestimmt somit eine durchschnittliche Reihe um die sich die reellen Messwerte des stochastischen Prozesses bewegen. Dabei ist μ_t zeitabhängig, anzutreffen beispielsweise bei Vorgängen mit periodischer oder saisonaler Struktur oder mit einem bestimmten Trend.

2.1.3 Varianzfunktion

Diese bezeichnet eine Funktion $Var(X_t)$ welche für jeden Zeitpunkt t angibt, wie stark eine Zufallsvariable X_t um den jeweiligen Wert der entsprechenden Mittelwertfunktion schwankt.

2.1.4 Autokovarianzfunktion

$$\gamma(t,\tau) = E[(X_t - \mu_t)(X_{t-\tau} - \mu_{t-\tau})] = \int_{R^2} (x_1 - \mu_t)(x_2 - \mu_{t-\tau})dF_{t,t-\tau}(x_1, x_2), \tau \in \mathbb{Z}$$

Da die Verteilungsfunktion symmetrisch ist, gilt: $\gamma(t,\tau) = \gamma(t - \tau, -\tau)$. Für $\tau = 0$ gilt $\gamma(t,0) = Var(X_t)$.

2.1.5 Stationarität

Im Falle von gewissen zeitlichen Abhängigkeiten von Kenngrößen ist bei diesem Prozess Stationarität gegeben. Ein stochastischer Prozess besitzt ausgehend von den genannten Momenten unterschiedliche Arten von Stationarität:
- <u>Mittelwert-Stationarität</u>, wenn $\mu_t = \mu \; \forall \; t$;
- <u>Varianz-Stationarität</u>, wenn $\sigma_t^2 = \sigma^2 \; \forall \; t$;
- <u>Kovarianz-Stationarität</u>, wenn $\gamma(t,\tau) = E[(X_t - \mu_t)(X_{t-\tau} - \mu_{t-\tau})] = \gamma_\tau \; \forall \; \tau \in \mathbb{Z}$, folglich die Autokovarianzfunktion $\gamma(t,\tau)$ nicht von der Lage der Zeitpunkte t abhängt, sondern nur von der Verzögerung τ, dem zeitlichen Abstand zweier Zufallsvariablen;
- <u>Schwache Stationarität</u>, wenn Mittelwert- und Kovarianz-Stationarität vorliegt;
- <u>Strenge Stationarität</u> ist gegeben, falls für beliebige $t_1,...,t_n$ und $\forall \; n, s \in \mathbb{Z}$
$F_{t_1,...,t_n}(x_1, ..., x_n) = F_{t_1+s,...,t_n+s}(x_1, ..., x_n)$ gilt.

Strenge Stationarität eines stochastischen Prozesse kann auch vorliegen, wenn Kovarianz-Stationarität nicht gegeben ist. [Rinne/Specht 2002, S.161; Kirchgässner/Wolters 2006, S.13] Die Stationarität lässt sich unter anderen mit dem Dickey-Fuller-Test oder dem KPSS-Stationaritätstest überprüfen, vgl. Franke 2004, Seite 169-173.

2.1.6 Weißes Rauschen

Wenn gilt, dass $\mu_t = 0$ und $\gamma_\tau = \begin{cases} \sigma^2 \; wenn \; \tau = 0 \\ 0 \;\; wenn \; \tau \neq 0 \end{cases}$,

dann ist der stochastische Prozess ein weißes Rauschen. Hat der Prozess X_t unabhängige und identisch verteilter Zufallsgrößen mit einem Erwartungswert von Null und gilt $Var(X_t) < \infty$, so kann er als unabhängiges weißes Rauschen bezeichnet werden.

2.1.7 Random Walk

Kann ein stochastischer Prozess mit $X_t = c + X_{t-1} + \varepsilon_t$ mit Konstante c und weißem Rauschen ε_t wiedergegeben werden, so folgt X_t einer Irrfahrt bzw. einem zufälligen Random Walk. Für $c = 0$ liegt ein diskreter Prozess mit stationären unabhängigen Zuwächsen Z_t vor.

$$X_t - X_{t-1} = Z_t = c + \varepsilon_t$$

Ist zusätzlich $\mu_t = c \neq 0$, handelt es sich um einen **Random Walk mit Drift** und dementsprechend für $\mu_t = c = 0$ um einen **Random Walk ohne Drift**
Zur Bestimmung der Momentfunktion eines Random Walk kann $c = 0$ und $X_0 = 0$ gesetzt werden. Dadurch entsteht über schrittweise Erneuerung die folgende Funktion.

$$X_t = \varepsilon_t + \varepsilon_{t-1} + \cdots + \varepsilon_1$$

2.1.8 Autokorrelationsfunktion

Die Autokorrelationsfunktion (ACF) eines stochastischen und kovarianz-stationären Prozesses wird $\rho_\tau = \frac{\gamma_\tau}{\gamma_0}$ definiert mit den Eigenschaften:
$\gamma_0 \geq 0$, $|\gamma_\tau| \leq \gamma_0$ und $\gamma_\tau = \gamma_{-\tau}$.

Die Autokorrelationsfunktion ist auf das Intervall [1,1] normiert, womit die Auslegung der Autokovarianzstrukturen unterschiedlicher stochastischer Prozesse vereinfacht wird. Mit der Forderung der Kovarianz-Stationarität des Prozesses ist die ACF nur von τ abhängig. Der Plot der ACF als Funktion der Verzögerung τ nennt sich Korrelogramm, welches in der Lage ist lineare Strukturen der Abhängigkeit zu offenbaren. [Franke 2004, S.143]

2.1.9 Lag Operator

Mit dem Lag-Operator (Rückverschiebungsoperator) L erster Ordnung bzw. L^2 zweiter Ordnung wird der Prozess X_t um eine, bzw. zwei Zeiteinheiten nach hinten versetzt.

$$LX_t = X_{t-1} \text{ bzw. } L^2 X_t = X_{t-2}$$

Für höhere Ordnungen wird er durch die Ordnung k mit $L^k X_t = X_{t-k}$ definiert.

Der <u>Differenzenoperator Δ</u> ist als $1 - L$ definiert woraus folgt
$$\Delta X_t = (1 - L)X_t = X_t - X_{t-1} \text{ und } \Delta^k = (1 - L)^k.$$

2.1.10 Rendite und log-Rendite

Ein Random Walk ist zunächst nicht stationär. Er kann aber über dessen erste Differenzen $\Delta X_t = X_t - X_{t-1}$ in einen stationären Prozess transformiert werden. Wird sich auf Aktien- oder Indexkurse bezogen, steht X_t für den Preis P_t des Kurses, d.h. $\Delta P_t = P_t - P_{t-1}$ was der einfachen absoluten Rendite entspricht. Mit der Transformierung in die einfache relative und die Log-Rendite ist ebenfalls eine Methode gegeben um Stationarität der Zeitreihe herzustellen. [Rottmann/Auer, V7]

<u>Einfache (relative) Rendite:</u>
$$R_t = \frac{P_t - P_{t-1}}{P_{t-1}}$$

<u>Durchschnittsrendite $R_t(k)$</u> für k Perioden als geometrisches Mittel der einfachen Bruttorenditen:
$$R_t(k) = \left(\prod_{j=0}^{k-1}(1 + R_{t-j})\right)^{\frac{1}{k}} - 1$$

<u>Log-Rendite:</u>
$$r_t = \ln\frac{P_t}{P_{t-1}} = \ln(1 + R_t)$$

Durchschnittsrendite r_t:

$$r_t(k) = ln\{1 + R_t(k)\} = \frac{1}{k} ln \prod_{j=0}^{k-1}(1 + R_{t-j}) = \frac{1}{k} \sum_{j=0}^{k-1} ln(1 + R_{t-j}) = \frac{1}{k} \sum_{j=0}^{k-1} r_{t-j}$$

Es wird erkennbar, dass die Durchschnittsrendite $r_t(k)$ dem einfachen arithmetischen Mittel der Log-Renditen entspricht. [Franke 2004, S.146f]

2.1.11 Schiefe

Die Schiefe S(X) gibt Auskunft über die Ausrichtung der Verteilung der Zufallsgrößen und ist definiert sich wie folgt:

$$S(X) = \frac{E[(X - \mu)^3]}{\sigma^3}.$$

Für $S(X) > 0$ ist die Verteilung rechtsschief und für $S(X) < 0$ ist sie linksschief. Normalverteilte Zufallsgrößen bedingen $S(X) = 0$ (Zufallsgrößen sind symmetrisch um den Erwartungswert verteilt).

2.1.12 Kurtosis

Mit Kurtosis wird die Wölbung einer Zufallsgröße bezeichnet und berechnet sich folgendermaßen:

$$Kurt(X) = \frac{E[(X - \mu)^4]}{\sigma^4}$$

$$\text{bzw. die empirische Wölbung } = \frac{1}{n} \sum_{i=1}^{n} \left(\frac{X_i - \mu}{\sigma}\right)^4.$$

Bei normalverteilten Zufallsgrößen beträgt die Kurtosis 3, was als mesokurtisch-verteilt genannt wird. Finanzdaten haben oft eine größere Kurtosis sind steil-gipflig bzw. leptokurtisch verteilt. [Franke 2004, S.39f]

2.2 Allgemeiner linearer Prozess

Dieser Prozess ist definiert mit:

$$X_t = \mu + \sum_{i=-\infty}^{\infty} a_i \cdot \varepsilon_{t-i} \text{ mit absolut summierbarem Filter } \sum_{i=-\infty}^{\infty} |a_i| < \infty.$$

Weil $E(X_t) = \mu$ sowie

$$Cov(X_t, X_{t+r}) = \sigma^2 \sum_{i=-\infty}^{\infty} \sum_{j=-\infty}^{\infty} a_i \cdot a_j 1(\tau = i - j) = \sigma^2 \sum_{i=-\infty}^{\infty} a_i \cdot a_{i-\tau}; \sigma^2 = Var(\varepsilon_t)$$

ist der lineare Prozess kovarianz-stationär.

2.3 Integrierter Prozess

Wie bereits erwähnt, stellt ein Random Walk einen zunächst nicht-stationären Prozess dar, kann aber durch die Bildung erster Differenzen in einen stationären Prozess überführt werden. Dieser differenzen-stationäre Prozess wird verallgemeinert wie folgt definiert.

Wenn $(1 - L)^{d-1} X_t$ nichtstationär und $(1 - L)^d X_t$ stationär ist, dann ist der Prozess X_t mit der Ordnung d integriert oder ein $I(d)$-Prozess. Ein Random Walk entspricht so einem $I(1)$-Prozess (einfacher integrierter Prozess), bzw. ein weißes Rauschen einem $I(0)$-Prozess. In den weiteren Ausführungen werden solche durch Transformation entstandene stationäre Prozesse betrachtet. [Franke 2004, S.177]

Beobachteter Prozess: $\quad Y_t \sim I(d)$

Transformierter Prozess: $\quad X_t = (1 - L)^d Y_t$

2.4 Autoregressiver Prozess (AR-Prozess)

Einen Ausgangspunkt der univariaten Analyse von Zeitreihen findet sich im Ziel der Selbsterklärung dieser Reihen, was die Annahme der Stationarität erfordert.

$$\text{Wert im Zeitpunkt } t = f\begin{pmatrix} \text{Werte in} \\ \text{vorausgegangenen} \\ \text{Zeitpunkten} \end{pmatrix} + \text{Rest}$$

Allgemein ist ein linearer autoregressiver Prozess (AR(p)) mit Ordnung p für $p(\geq 1)$ wie definiert durch:

$$X_t = v + \alpha_1 \cdot X_{t-1} + \cdots + \alpha_p \cdot X_{t-p} + \varepsilon_t \text{ mit } v = konstant., t \in \mathbb{Z} \text{ und } \alpha_p \neq 0$$

Unter Anwendung des Lag-Operators folgt

$\alpha(L) \cdot X_t = v + \varepsilon_t$ und das Lag-Polynom $\quad \alpha(L) = 1 - \alpha_1 \cdot L - \cdots - \alpha_p \cdot L^p$.

2.4.1 Stationaritätsbedingung:

Werden geeignete stochastische Anfangsbedingungen unterstellt und sind alle Nullstellen des Lag-Polynoms betragsmäßig größer eins, dann ist der AR(p)-Prozess stationär. Wenn für das erzeugende Polynom

$$\alpha(z) = 1 - \alpha_1 \cdot z - \cdots - \alpha_p \cdot z^p \text{ für alle } z \text{ mit } |z| \leq 1 \text{ , } \alpha(z) \neq 0$$

gilt, ist die Reihe X_t kausal stationär.

Für den allgemeinen linearen AR(p) auch schreiben:

$$X_t = \alpha^{-1}(1) \cdot v + \alpha^{-1}(L) \cdot \varepsilon_t = \sum_{i=0}^{\infty} \alpha_p \cdot v + \sum_{i=0}^{\infty} \alpha_p \cdot L^i \cdot \varepsilon_t,$$

was einem Moving Average Prozess unendlicher Ordnung ($MA(\infty)$) entspricht.

2.4.2 Schätzung der Parameteranzahl

Bei Vorliegen eines stationären Prozesses vom Typ AR(p) lässt sich die Ordnung p mit dem partiellen Korrelogramm ermitteln.

2.4.3 Yule-Walker-Schätzer

Yule-Walker-Gleichungen ermöglichen für gegebene Parameter die Bestimmung der Auto-korrelationsfunktion und für gegebene Autokorrelationen die Schätzung der Parameter. Die Gleichungen ergeben sich über die Multiplikation der allgemeinen Darstellung des AR(p)-Prozesses mit $X_{t-\tau}$ und der Erwartungswertbildung.

$$E[X_t X_{t-\tau}] = \alpha_1 \cdot E[X_{t-1} X_{t-\tau}] + \cdots + \alpha_p \cdot E[X_{t-p} X_{t-\tau}]$$

Weil $E[X_t X_{t-\tau}]$ für $v = 0$ der ACF γ_τ gleichkommt, lässt sich für $\tau = 1, \ldots, p$ formulieren

$$\alpha_1 \cdot \gamma_{\tau-1} + \alpha_2 \cdot \gamma_{\tau-2} + \cdots + \alpha_p \cdot \gamma_0 = \gamma_\tau.$$

Durch Division mit γ_0 ergibt sich durch Definition der ACF $\rho = R\alpha$ und für $\rho = (\rho_1 \rho_2 \ldots \rho_p)^T$ und $\alpha = (\alpha_1 \alpha_2 \ldots \alpha_p)^T$ die Matrixschreibweise.

$$\begin{pmatrix} \rho_1 \\ \rho_2 \\ \vdots \\ \rho_p \end{pmatrix} = \begin{pmatrix} 1 & \rho_1 & \cdots & \rho_{p-1} \\ \rho_1 & 1 & \cdots & \rho_{p-2} \\ \vdots & \vdots & \ddots & \vdots \\ \rho_{p-1} & \rho_{p-2} & \cdots & 1 \end{pmatrix} \begin{pmatrix} \alpha_1 \\ \alpha_2 \\ \vdots \\ \alpha_p \end{pmatrix}$$

$$\rho \quad = \quad R \quad \times \quad \alpha$$

Die Parameter α_p des AR(p)-Modells mit $\sigma^2 = Var(\varepsilon_t)$ lassen sich schätzen, indem die theoretischen Autokorrelationen ($\rho = R \times \alpha$) mit den empirischen ($\hat{\rho}_p = \hat{R} \times \hat{\alpha}_p$) ersetzt werden. Eine Auflösung nach $\hat{\alpha}_p$ stellt dann die Yule-Walker-Schätzer bereit ($\hat{\alpha}_p = \hat{R}^{-1} \times \hat{\rho}_p$). Y-W-S sind einheitlich asymptotisch normalverteilt mit der Kovarianzmatrix $\sigma^2 \Gamma^{-1}$ für

$$\Gamma = \begin{pmatrix} \gamma_0 & \gamma_1 & \cdots & \gamma_{p-1} \\ \gamma_1 & \gamma_0 & \cdots & \gamma_{p-2} \\ \vdots & \vdots & \ddots & \vdots \\ \gamma_{p-1} & \gamma_{p-2} & \cdots & \gamma_0 \end{pmatrix}.$$

Yule-Walker-Schätzer sind asymptotisch äquivalent zu dem Kleinste-Quadrate-Schätzer der im Folgenden beschrieben wird. Als asymptotisch effizient können sie nur für normal verteilte ε_t und X_t bezeichnet werden, womit sie dann auch mit dem Maximum-Likelihood-Schätzer äquivalent sind.

2.4.4 Kleinste-Quadrate-Schätzer

Der Kleinste-Quadrate-Schätzer wird auch Methode der kleinsten Quadrate genannt. Das Ziel liegt in Schätzung der wahren Koeffizienten durch die Minimierung der Summe der quadrierten Residuen. [Franke 2004, S.180ff.; Schlittgen 2012, S.24, S.57ff; Schlittgen 1994, S.280f]

$$\hat{\alpha} = \min_{\alpha} Q(\alpha) \quad \text{mit} \quad Q(\alpha) = \sum_{t=p+1}^{n} \left(X_t - \sum_{k=1}^{p} \alpha_k X_{t-k} \right)^2$$

<u>Beispiele für die ACF eines AR(p)-Prozesses</u>

Die folgenden Abbildungen zeigen Beispiele für die Autokorrelationsfunktionen eines autoregressiven Prozesses mit p=1 und p=2. Mit $X_t = \alpha * X_{t-1} + \varepsilon_1$ erkennt man das exponentielle Abklingen für Werten von $|\alpha| < 0$.

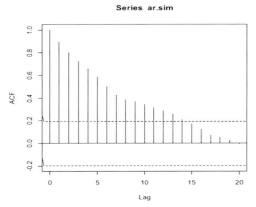

Abb. 2.1 AR(1)-Prozess mit $\alpha_1 = 0{,}9$ sowie $\upsilon = 0$

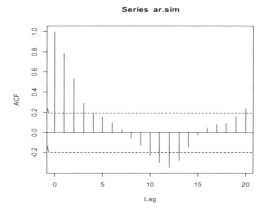

Abb. 2.2 AR(2)-Prozess mit $\alpha_1 = 0{,}8$ und $\alpha_2 = -0{,}3$ sowie $\upsilon = 0$

2.5 Moving Average Prozess (MA-Prozess)

Für die Ordnung q ist der MA(q)-Prozess mit weißem Rauschen ε_t definiert über

$$X_t = \beta_1 \cdot \varepsilon_{t-1} + \cdots + \beta_q \cdot \varepsilon_{t-q} + \varepsilon_t, \qquad -\infty < t < \infty$$

bzw. mit dem Lag-Operator L als $\qquad X_t = \beta(L) \cdot \varepsilon_t, \quad \beta(L) = 1 + \beta_1 \cdot L + \cdots + \beta_q \cdot L^q.$

Mittelwertfunktion:

$$E(X_t) = 0.$$

Die Entstehung des MA(q)-Prozesses aus der Linearkombination eines stationären Prozesses führt bei ihm selbst zu Stationarität. Kovarianzfunktion mit $\beta_0 = 1$:

$$\gamma_\tau = Cov(X_t, X_{t+\tau}) = Cov\left(\sum_{i=0}^{q} \beta_i \cdot \varepsilon_{t-i}, \sum_{j=0}^{q} \beta_j \cdot \varepsilon_{t+\tau-j}\right) = \sum_{i=0}^{q-|\tau|} \beta_i \cdot \beta_{i+|\tau|} \sigma^2, \; |\tau| \leq q.$$

Demnach folgt bei der Autokorrelationsfunktion

$$\rho_\tau = \frac{\sum_{i=0}^{q-|\tau|} \beta_i \cdot \beta_{i+|\tau|}}{\sum_{i=0}^{q} \beta_i^2}$$

für $|\tau| \leq q$ sowie $\rho_\tau = 0$ für $|\tau| > q$, Abbruch der ACF nach q Lags.

<u>Parameterschätzung</u>

Die Schätzung der Parameter $\beta_1, \ldots, \beta_q$ kann durch Lösung der Gleichung
$\hat{\gamma}_\tau = Cov(X_t, X_{t+\tau})$ für $\tau = 0, \ldots, q-1$ erfolgen oder wieder mit Hilfe des asymptotisch effizienten Kleinste-Quadrate-Schätzers analog zum AR(p)-Prozess.

$$\hat{\beta} = \arg\min_{\beta} \sum_{t+q+1}^{n} \varepsilon_t^2 = \arg\min_{\beta} \sum_{t=q+1}^{n} (X_t - \beta \cdot \varepsilon_{t-1})^2$$

Dabei kann das nicht beobachtbare ε_t bei vorliegenden $X_1, \ldots, X_t$ angepasst werden wie folgt.

$$\varepsilon_t = X_t + \sum_{k=1}^{t-1} (-\beta)^k \cdot X_{t-k}$$

Die Abbildung auf der nächsten Seite zeigt beispielhaft den Graph der Autokorrelationsfunktion eines Moving Average Prozesses der Ordnung 1.

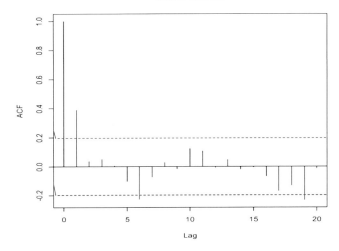

Abb. 2.3 Korrelogramm der ACF für einen MA(1)-Prozess $X_t = \beta \cdot \varepsilon_{t-1} + \varepsilon_t$ mit $\beta = 0{,}6$

2.6 ARMA-Modell

Ein stochastischer Prozess X_t heißt Autoregressiver Moving Average Prozess der Ordnung (p, q), wenn gilt

$$X_t = v + \alpha_1 \cdot X_{t-1} + \cdots + \alpha_p \cdot X_{t-p} + \beta_1 \cdot \varepsilon_{t-1} + \cdots + \beta_q \cdot \varepsilon_{t-q} + \varepsilon_t.$$

Mit dem AR-Lag-Polynom

$$\alpha(L) = 1 - \alpha_1 \cdot L - \cdots - \alpha_p \cdot L^p$$

und dem MA-Lag-Polynom

$$\beta(L) = 1 + \beta_1 \cdot L + \cdots + \beta_q \cdot L^q$$

lässt sich schreiben

$$\alpha(L) \cdot X_t = v + \beta(L) \cdot \varepsilon_t.$$

Demzufolge stellt ein ARMA(p,0)-Prozess für $p \geq 1$ einen AR(p)-Prozess dar und ein ARMA(0,q)-Prozess mit $q \geq 1$ einen MA(q)-Prozess.

Zur eindeutigen Parametrisierung des Prozesses ist es notwendig, dass die beiden Polynome keine gemeinsamen Nullstellen besitzen. Die Schätzung der Parameter kann wieder bspw. mit dem Kleinste-Quadrate-Schätzer erfolgen. Für normalverteilte ε_t entspricht dies dem Maximum Likelihood Schätzer.

Der stochastische Prozess X_t nennt sich ARMA(p, q)-Prozess mit Erwartungswert μ, wenn $[X_t - \mu]$ einen ARMA(p, q)-Prozess darstellt.

Für den Erwartungswert gilt

$$\mu = \frac{v}{1 - \alpha_1 - \cdots - \alpha_p},$$

wenn die Summe aller $\alpha_p \neq 1$ ist. [Franke 2004, S.183ff ; Neuser 2009, S.21]

2.6.1 Stationaritätsbedingung

Stationarität liegt vor wenn für das Polynom $\alpha(z) = 1 - \alpha_1 \cdot z - \cdots - \alpha_p \cdot z^p$ für alle z mit $|z| \leq 1$ und $p \geq 1$, $\alpha(z) \neq 0$ gilt, was zur MA(∞)-Darstellung

$$X_t = \alpha^{-1}(L) \cdot \beta(L) \cdot \varepsilon_t$$ führt.

2.6.2 Invertierbarkeit

Der ARMA(p,q)-Prozess X_t ist invertierbar, wenn sich alle Wurzeln von

$1 + \beta_1 \cdot z + \cdots + \beta_q \cdot z^q = 0$ außerhalb des Einheitskreises befinden, womit sich der Prozess als AR(∞) schreiben lässt

$$\beta^{-1}(L) \cdot \alpha(L) \cdot X_t = \varepsilon_t.$$

Folglich lassen sich mit reinen AR- und MA- Prozessen ausreichender Ordnung stationäre und invertierbare ARMA-Prozesse anpassen. Die folgende Grafik zeigt die Autokorrelationsfunktion eines ARMA-Prozesses wobei das längere Abklingen im Vergleich zu Moving Average Prozess in Abbildung 2.3 zu erkennen ist.

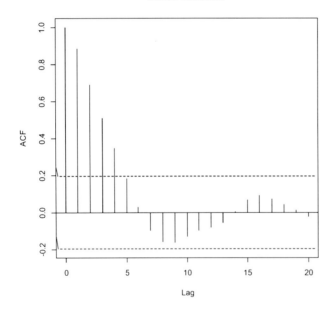

Abb. 2.4 Korrelogramm für die ACF eines ARMA(1,1)-Prozess mit $\alpha = 0{,}9$ und $\beta = 0{,}5$

2.6.3 Partielle Autokorrelationsfunktion (PACF)

Neben der Autokorrelationsfunktion, gibt es noch eine weitere Möglichkeit um einen linearen Zusammenhang zweier Zufallsvariablen X_t und $X_{t-\tau}$ unterschiedlicher Zeitpunkte zu ermitteln. Hierzu ist es zunächst nötig den linearen Einfluss der zwischen diesen Variablen liegenden Größen $X_{t+1}, \ldots, X_{t+\tau-1}$ herauszufiltern. Zusammen mit der darauf folgenden Berechnung der Korrelation, wird dieses Verfahren Partielle Korrelation genannt. Sie ist eine Folge der Koeffizienten $\emptyset_{11}, \emptyset_{22}, \ldots, \emptyset_{kk}$, welche dazu bestimmt sind, die Ordnung eines AR(p)-Prozesses festzulegen, bei dem bspw. gilt, dass $\emptyset_{kk} = 0$ für $k > p$.

Für die k-te Ordnung ist die PACF wie folgt definiert.

$$\emptyset_{kk} = Corr\big(X_t - P(X_t|X_{t+1}, \ldots, X_{t+k-1}), X_{t+k} - P(X_{t+k}|X_{t+1}, \ldots, X_{t+k-1})\big)$$

$P(W|Z)$ stellt hierbei die optimale lineare Projektion von W auf Z dar, womit jene mit dem kleinsten mittleren quadratischen Fehler gemeint ist.

$$P(W|Z) = \sum\nolimits_{WZ} \sum\nolimits_{ZZ}^{-1} Z$$

Mit $\sum_{WZ} = Cov(W, Z)$, der Kovarianzmatrix zwischen W und Z und $\sum_{ZZ} = Var(Z)$, als Kovarianzmatrix der Regressoren.

Über die Lösung der Gleichung $P_k \emptyset_k = \rho_{(k)}$ mit der Matrix von P_k, $\emptyset_k$ und ρ_k erfolgt eine angemessene Definition, welche den Yule Walker Gleichungen eines AR(k)- Prozesses entsprechen.

$$\begin{pmatrix} 1 & \rho_1 & \cdots & \rho_{k-1} \\ \rho_1 & 1 & \cdots & \rho_{k-2} \\ \vdots & \vdots & \ddots & \vdots \\ \rho_{k-1} & \rho_{k-2} & \cdots & 1 \end{pmatrix} \begin{pmatrix} \emptyset_{k1} \\ \emptyset_{k2} \\ \vdots \\ \emptyset_{kk} \end{pmatrix} = \begin{pmatrix} \rho_1 \\ \rho_2 \\ \vdots \\ \rho_k \end{pmatrix}$$

Der relevante Koeffizient $\emptyset_{kk}$ lässt sich anschließend über die Cramersche Regel der Determinanten bestimmen. $P_k^* = \rho_k$ wo die $k - te$ Spalte mit ρ_k ersetzt wird. Daraufhin wird dies für unterschiedliche Ordnungen k durchgeführt, woraus sich für einen bestimmten stochastischen Prozess die PACF erzeugen lässt.

$$\emptyset_{kk} = \frac{|P_k^*|}{|P_k|}$$

2.6.4 Maximum Likelihood Schätzer

Die Methode dieses Schätzers betrachtet für gegebene Stichproben den möglichen Parameterraum. Sie entspricht einem Maß für die Plausibilität (Likelihood) einer Parameterkombination, welche ausgehend von der Maximierung der Likelihood-Funktion, langfristig für eine Erfüllung von Optimalitätskriterien der Schätzer sorgt. [Thome 2005, S.134]

Ein stationärer invertierbarer ARMA(p, q)-Prozess ist als AR(∞)- oder MA(∞)-Prozess darstellbar. Beispiel: AR(∞) -Darstellung:

$$X_t = \sum_{j=1}^{\infty} \pi_j \cdot X_{t-j} + \varepsilon_t$$

Beim Maximum Likelihood Schätzer (MLS) wird angenommen, dass ε_t annähernd normalverteilt, d.h. $\varepsilon_t \sim N(0, \sigma^2)$ und $X = (X_1, \ldots, X_n)^T$ multivariat normalverteilt sind. Mit der Kovarianzmatrix Γ und dem Parametervektor $\theta = (\alpha_1, \ldots, \alpha_p, \beta_1, \ldots, \beta_q; \sigma^2)^T$ wird die Dichte von X definiert mit

$$p(x|\theta) = (2\pi\sigma^2)^{-n/2} |\Gamma|^{-1/2} exp\left(-\frac{1}{2\sigma^2} \cdot x^T \cdot \Gamma^{-1} x\right).$$

Wird diese Dichtefunktion als Funktion von θ für gegebene Messwerte betrachtet, so handelt es sich um die Likelihood-Funktion L, welche über die Wahl des Parametervektors θ maximiert wird.

$$L(\theta|x) = p(x) \qquad \hat{\theta} = arg \max_{\theta \epsilon \Theta} L(\theta|x)$$

Die (exakte) Log-Likelihood-Funktion ist definiert mit

$$logL(\theta|x) = -\frac{n}{2} log(2\pi\sigma^2) - \frac{1}{2} log|\Gamma| - \frac{1}{2\sigma^2} \cdot x^T \cdot \Gamma^{-1} x.$$

Für gegebene Verteilung ε_t und Ordnungen p und q lassen sich die Parameter eines ARMA(p,q)-Prozesses asymptotisch effizient schätzen. [Kirchgässner/Wolters 2006, S.67] Soll der Schätzer bei nicht normalverteilten ε_t bestimmt werden, wird dieser als <u>Quasi Maximum Likelihood Schätzer</u> bezeichnet.

2.7 ARIMA-Modell

Autoregressive Integrated Moving Average nennt sich ein stochastischer Prozess mit Ordnung(p, d, q), falls der Prozess $X_t = (1 - L^{-1})^d X_t$ mit $(1 - L^{-1})^d X_t = \nabla^d X_t$ und $d \geq 1$ einem kausal-stationärem ARMA(p, q)-Prozess entspricht. Der Parameter d gibt an wie oft ein Prozess bis zu seiner Stationarität zu differenzieren ist.

Diese Modelle werden für nichtstationäre Zeitreihen eingesetzt, die z.B. stochastische Trends aufweisen. [Kirchgässner/Wolters 2006, S.141]

2.8 Eigenschaften und Phänomene von Finanzzeitreihen

Finanzzeitreihen zeichnen sich durch besondere empirische Eigenschaften aus, den Stylized facts, welche den Unterschied zu anderen z.B. makroökonomischen Zeitreihen bilden, womit auch andere Modellklassen benötigt werden.

Stylized fact 1

Zeitreihen von Aktien- und Wechselkursen zeigen lokale Trends und erscheinen nicht als stationäre Zeitreihen.

Daher sollten diese Zeitreihen zur Modellierung in stationäre Zeitreihen transformiert werden. Anstatt der Kurse werden deren Renditen R_t verwendet, speziell die log-Renditen r_t, wenn entweder Kursausschläge von über 10 Prozent möglich sind oder sich bei Anwendung auf die Bezugsgröße nicht vernachlässigbare Abweichungen ergeben.

Stylized fact 2

Die log-Renditen besitzen eine leptokurtische Verteilung, wobei die Kurtosis der Daten häufig über 3 liegt.

Stylized fact 3

Die Stichprobenautokorrelationen $\hat{\rho}_{\tau,n,k} \neq 0$ sind nicht signifikant von Null verschieden, was dazu führt, dass die Renditen als weißes Rauschen in Erscheinung treten. Weil die Stichprobenautokorrelation der Absolutbeträge und Quadrate der Renditen größer Null sind, kann dieses weiße Rauschen allerdings nicht als unabhängig betrachtet werden.

Wenn eine Finanzzeitreihe als unvorhersehbare Zeitreihe anzunehmen ist, ist sie als weißes Rauschen anzusehen. Wären in diesem Fall die Autokorrelationen signifikant von Null verschieden, würde dies lineare Prognosen über Kurse ermöglichen, welche die Qualität des Erwartungswertes übertreffen würden. Somit könnten gewinnbringende Handelsstrategien entwickelt werden, was zunächst der Theorie der Unvorhersehbarkeit widerspricht. Der Bedingung der Unvorhersehbarkeit entsprechen die ARCH-Prozesse.

Stylized fact 4

Bei Finanzzeitreihen ist ein sogenanntes Volatilitätsclustering zu beobachten, welches bedeutet, dass auf große Schwankungen in der Regel kleinere Schwankungen der Renditen folgen und umgekehrt. Ein Beispiel sind die gezeigten Volatilitätsschwankungen in Abbildung 2.5 der nächsten Seite. Dies steht im Zusammenhang mit dem Stylized fact 3, der positiven Korrelation quadrierter Renditen. [Franke 2004, S.201f]

Die Ausprägung der Stylized facts 1-4 ist umso höher, je größer die Frequenz der Daten ist. Für die Abbildung dieser Eigenschaften eignen sich besonders ARCH- und GARCH-Modelle.

Da die Renditen r_t abhängig sind, was besagt, dass deren Volatilität vergangenheitsabhängig ist, könnten sich daraus bei gezielter Nutzung Arbitragemöglichkeiten ergeben. Dies bildet einen Untersuchungsgegenstand bezüglich der Modellbildung.

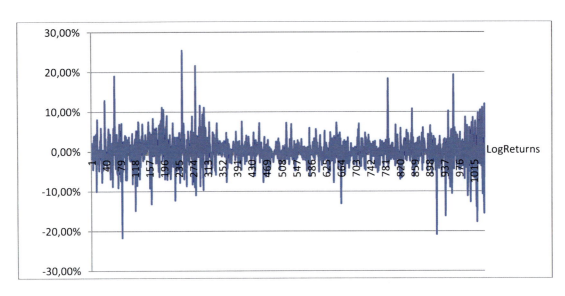

Abb. 2.5 Log-Returns der First Solar Aktie von Nov. 2008- Nov.2012

2.9 ARCH-Modell

ARCH steht für Autoregressive bedingte Heteroskedastie. Heteroskedastie bedeutet, dass der Prognosefehler variabel ist. Dieses Verhalten steht im Gegensatz zu den bisherigen Modellen wie dem ARMA-Prozess, bei dem die Residuen unkorreliert sind und deren bedingte Varianz konstant ist (homoskedastisch).

Während die Renditen r_t eines stochastischen Prozesses X_t diskreter Zeit u.i.v. sind und damit X_t einem geometrischen Random Walk folgen, unterstellen ARCH-Modelle, dass diese Renditen von der Information $\mathcal{F}$ ihrer Vergangenheit abhängig sind.
Im Folgenden soll das allgemeine Modell

$$r_t = X_t = \mu_t + \varepsilon_t \quad \varepsilon_t = \sigma_t \cdot z_t \quad mit \; z_t \sim N(0,1)$$

gelten mit dem stochastischen Fehler ε_t und $E[\varepsilon_t|\mathcal{F}_{t-1}] = 0$ mit $\mathcal{F}_t$ als Informationsmenge zum Zeitpunkt t, wobei ε_t als lediglich unkorreliert und zentriert aber nicht mehr als unabhängig angenommen wird. Die bedingte Varianz σ_t^2 von ε_t variiert nach der Realisierung eines AR-Prozesses und stellt in ARCH-Modellen eine lineare Funktion der verzögerten quadrierten Fehler dar. Das bedeutet, dass die bedingte Varianz nicht mehr als konstant angenommen wird, sondern folglich als bedingt heteroskedastisch. [Franke 2004, S.204 ; Schlittgen, Streitberg 1994, S.451]

Der Parameter μ_t kann einer Risikoprämie gleichgestellt werden und beschreibt die erwartete Tagesrendite. Bei 500 Handelstagen liegt diese bei allen Anpassungen im Bereich von 10^{-4}. Im Vergleich zur Tagesvolatilität, welche bei der zugrunde liegenden Zeitreihe zwischen 0,1 und 6 Prozent liegt, ist der Parameter μ_t somit vernachlässigbar klein.

2.9.1 ARCH(q)-Modell

Das allgemeine ARCH(q)-Modell ist wie folgt definiert.

$$\sigma_t^2 = \alpha_0 + \alpha_1 \cdot \varepsilon_{t-1}^2 + \cdots + \alpha_q \cdot \varepsilon_{t-q}^2$$

für $E[\varepsilon_t|\mathcal{F}_{t-1}] = 0\ mit\ t \in \mathbb{Z}, \alpha_0 > 0,\ \alpha_1 \geq 0, \ldots, \alpha_q \geq 0$ und den Voraussetzungen:

$Var(\varepsilon_t|\mathcal{F}_{t-1}) = \sigma_t^2\ und\ Z_t = \varepsilon_t \cdot \sigma_t^{-1}\ ist\ u.i.v.$ für <u>starkes</u> ARCH,

$Var(\varepsilon_t|\mathcal{F}_{t-1}) = \sigma_t^2$ für <u>semistarkes</u> ARCH,

$P(\varepsilon_t^2|1, \varepsilon_{t-1}, \varepsilon_{t-2}, \ldots, \varepsilon_{t-1}^2, \varepsilon_{t-2}^2, \ldots) = \sigma_t^2$ für <u>schwaches</u> ARCH,

wobei σ_t^2 entsprechend einen Varianz- bzw. Volatilitätsprozess darstellt.

Der ARCH(q)-Prozess lässt sich zurückführen auf einen AR(q)-Prozess. Wenn ε_t einem semistarken ARCH(q)-Prozess folgt mit $E[\varepsilon_t^4] = c < \infty$, so ist $\eta_t = \sigma_t^2 \cdot (Z_t^2 - 1)$ ein weißes Rauschen und

$$\varepsilon_t^2\ \text{ein AR}(q) - \text{Prozess mit}\ \varepsilon_t^2 = \alpha_0 + \sum_{i=1}^{q} \alpha_i \cdot \varepsilon_{t-i}^2 + \eta_t.$$

2.9.2 Schätzung von ARCH(q)-Modellen

Die Parameter lassen sich mit Hilfe der Maximum-Likelihood-Methode ermitteln. Das allgemeine ARCH(q) ist definiert mit Parametervektor $\theta = (\alpha_0, \alpha_1, \ldots, \alpha_q)^T$:

$$l^b(\theta) = \sum_{t=q+1}^{n} l_t(\theta) = -\frac{n-q}{2} - \frac{1}{2} \sum_{t=q+1}^{n} \log \sigma_t^2 - \frac{1}{2} \sum_{t=q+1}^{n} \frac{\varepsilon_t^2}{\sigma_t^2}.$$

Der Einsatz von ARCH(q)-Modellen kann zu hohen Ordnungen von q führen was sich bei der Maximierung auf θ als aufwendig erweist und eine nichtlineare Optimierung notwendig macht.

Auch wenn ARCH-Modelle die Asymmetrie der Volatilität bspw. bei Schocks nicht modellieren können, bieten sie eine gute Approximation bzgl. einer schwankenden Volatilität.

2.9.3 Beispiel ARCH(1)-Modell

Unter den genannten Voraussetzungen wird dieses Modell wie folgt definiert:

$$\sigma_t^2 = \alpha_0 + \alpha_1 \cdot \varepsilon_{t-1}^2 \text{ bzw. } \sigma_{t+1}^2 = \alpha_0 + \alpha_1 \cdot \varepsilon_t^2.$$

Ein starker ARCH(1)-Prozess ist gleichzeitig ein semistarker, sowie ein semistarker ein schwacher ARCH(1)-Prozess. Umgedreht kann ein schwacher ARCH(1)-Prozess aber kein semistarker ARCH sein, wenn seine bedingte Varianz nicht linear ist. [Franke 2004, S.205f]

Wenn zudem ε_t einen stationären und starken ARCH(1)-Prozess darstellt, indem $Z_t \sim N(0,1)$ und $E(\varepsilon_t^4) = c < \infty$ dann gilt:

$$\varepsilon_t^2 = \alpha_0 \sum_{k=0}^{\infty} \alpha_1^k \prod_{j=0}^{k} Z_{t-j}^2 = AR(1) - Prozess \text{ mit } \varepsilon_t^2 = \alpha_0 + \alpha_1 \cdot \varepsilon_{t-1}^2 + \eta_t$$

$$\eta_t = \sigma_t^2(Z_t^2 - 1) = weißes\ Rauschen$$

<u>Schätzung</u>

Die vorausgegangene Eigenschaft der Hinführung zum AR(1)-Prozess in Z_t^2 nutzt der Yule Walker Schätzer. Unter der Bedingung $\widehat{\alpha_0}^{(0)} = n^{-1} \sum_{t=1}^{n} \varepsilon_t^2$ lässt sich schreiben:

$$\widehat{\alpha_1}^{(0)} = \frac{\sum_{t=2}^{n}(\varepsilon_t^2 - \widehat{\alpha_0}^{(0)})(\varepsilon_{t-1}^2 - \widehat{\alpha_0}^{(0)})}{\sum_{t=2}^{n}(\varepsilon_t^2 - \widehat{\alpha_0}^{(0)})^2}$$

Der Yule Walker Schätzer ist aufgrund des nicht normalverteilten ε_t^2 nicht effizient und kann daher eher nur als Startwert für iterative Verfahren dienen.

Bei der Maximum Likelihood Methode lässt sich, unter der Annahme bedingt normalverteilter Renditen ε_t, die log-Likelihood-Funktion als Funktion von α_0 und α_1 definieren mit p_ε als stationäre marginale Dichte von ε_t.

$$l(\alpha_0, \alpha_1) = -\frac{1}{2} \sum_{t=2}^{n} \frac{\varepsilon_t^2}{\alpha_0 + \alpha_1 \cdot \varepsilon_{t-1}^2} + log p_\varepsilon(\varepsilon_1)$$

Weil der analytische Ausdruck von p_ε bei ARCH-Modellen weder berechenbar noch bekannt ist, wird zur bedingten log-Likelihood-Funktion übergegangen. Diese kommt ohne den Bestandteil $log p_\varepsilon(\varepsilon_1)$ aus. [Franke 2004, S.214]

$$l^b(\alpha_0, \alpha_1) = \sum_{t=2}^{n} l_t(\alpha_0, \alpha_1) = -\frac{n-1}{2} log(2\pi)$$

$$-\frac{1}{2} \sum_{t=2}^{n} log(\alpha_0 + \alpha_1 \varepsilon_{t-1}^2) - \frac{1}{2} \sum_{t=2}^{n} \frac{\varepsilon_t^2}{\alpha_0 + \alpha_1 \cdot \varepsilon_{t-1}^2}$$

2.10 GARCH-Modell

Wird versucht hochfrequente Zeitreihen mit ARCH-Modellen darzustellen, so ergeben sich wie bereits erwähnt, bei einer adäquaten Modellierung der Varianzen hohe Ordnungen q. Soll jedoch ein hinsichtlich der Parameteranzahl sparsames Modell gebildet werden, kommt die von Bollerslev entwickelte Erweiterung zum Zug, das GARCH-Modell. Dabei wird das ARCH-Modell um AR-Terme der Varianz erweitert und damit „generalisiert".
Das GARCH-Modell gehört wie das ARCH-Modell zur Gruppe der unvorhersehbaren Zeitreihen die eine stochastische Volatilität aufweisen.

2.10.1 GARCH(p, q)-Modell

Im GARCH(p, q)-Modell ist die bedingte Varianz der Fehler neben den verzögerten quadrierten Fehlern zusätzlich abhängig von den vergangenen bedingten Varianzen. [Rinne 2002 S.333] Für $t \in \mathbb{Z}$ und $E[\varepsilon_t|\mathcal{F}_{t-1}] = 0$ ist ein Prozess ε_t als ein GARCH(p, q)-Prozess definiert mit

$$\sigma_t^2 = \alpha_0 + \sum_{i=1}^{q} \alpha_i \cdot \varepsilon_{t-i}^2 + \sum_{j=1}^{p} \beta_j \cdot \sigma_{t-j}^2$$

und analog zum ARCH-Modell den Voraussetzungen

$Var(\varepsilon_t|\mathcal{F}_{t-1}) = \sigma_t^2$ und $Z_t = \varepsilon_t \cdot \sigma_t^{-1}$ ist u.i.v. für <u>starkes</u> GARCH,

$Var(\varepsilon_t|\mathcal{F}_{t-1}) = \sigma_t^2$ für <u>semistarkes</u> GARCH und

$P(\varepsilon_t^2|1, \varepsilon_{t-1}, \varepsilon_{t-2}, \ldots, \varepsilon_{t-1}^2, \varepsilon_{t-2}^2, \ldots) = \sigma_t^2$ für <u>schwaches</u> GARCH.

Hierbei bieten $\alpha_0 > 0$, $\alpha_i \geq 0$ mit $i = 1, \ldots, q$ sowie $\beta_j \geq 0$, mit $j = 1, \ldots, p$ hinreichende Bedingungen für $\sigma_t^2 > 0 \ f.s.$, $(P[\sigma_t^2 > 0]) = 1$.

Kovarianz-Stationarität bei einem GARCH(p, q)-Prozess liegt vor, wenn

$$\sum_{i=1}^{q} \alpha_i + \sum_{j=1}^{p} \beta_j < 1 \text{ gilt.}$$

Analog zur Darstellung des ARCH(q)-Prozesses als AR(q)-Prozesses lässt sich ein GARCH(p, q)-Prozess auf einen ARMA(m, p)-Prozess abbilden. Wenn ε_t einem semistarken GARCH(p, q)-Prozess folgt, mit $E[\varepsilon_t^4] = c < \infty$, so ist $\eta_t = \sigma_t^2(Z_t^2 - 1)$ ein weißes Rauschen und

$$\varepsilon_t^2 \text{ ein } ARMA(m, p) - \text{Prozess mit } \varepsilon_t^2 = \alpha_0 + \sum_{i=1}^{q} \gamma \cdot \varepsilon_{t-i}^2 - \sum_{j=1}^{p} \beta_j \cdot \eta_{t-j} + \eta_t$$

mit $m = max(p, q)$, $\gamma_i = \alpha_i + \beta_i, \alpha_i = 0$, $falls \ i > q$ und $\beta_i = 0$ wenn $i > p$.

2.10.2 Schätzung von GARCH(p,q)-Modellen

Die Möglichkeit der ARMA-Darstellung bietet den Yule-Walker-Schätzer wieder als Startwert bei der Parameterschätzung an. Er ist zwar asymptotisch normalverteilt und konsistent, erweist sich allerdings beim Einsatz auf GARCH-Modelle als asymptotisch nicht effizient. Daher wird zur Maximum Likelihood Methode übergegangen, wobei die Funktion für das GARCH-Modell der des ARCH-Modell mit erweitertem Vektor für θ entspricht, mit

$$\theta = \left(\omega, \alpha_1, \ldots, \alpha_q, \beta_1, \ldots, \beta_p\right)^T.$$

Es werden allerdings beim ML-Schätzer standardisierte und standard-normalverteilte Residuen unterstellt. Für einen GARCH(1,1)-Prozess können auf Basis der Yule-Walker-Schätzer die Quasi Maximum Likelihood Schätzer für die Parameter ermittelt werden, z.B. wenn sich ε_t als nicht normalverteilt zeigt. [Kirchgässner/Wolters 2006 S.232; Franke 2004 S.224f.]

2.10.3 Anwendung

Als praxisrelevant und ausreichend haben sich GARCH-Modelle mit niedriger Ordnung erwiesen wie das, auch in dieser Untersuchung zum Einsatz kommende, GARCH(1, 1)-Modell.

Da zeitlich verzögerte Schocks nur im Quadrat in die Definitionsgleichungen der ARCH- und GARCH-Modelle eingehen, generieren sie leider keinen Vorzeicheneffekt. In der Realität reagieren Anleger allerdings auf negative Kursausschläge stärker als auf positive Ausschläge. Diese asymmetrische Volatilität können ARCH- und GARCH-Modelle nicht darstellen. [Franke 2004; S. 206-224]

2.11 ARMA-GARCH-Modell

Diese Erweiterung des GARCH-Modells kombiniert bzw. komprimiert die Eigenschaften des ARMA- und des GARCH-Modells.

$$X_t = v + \alpha_1 \cdot X_{t-1} + \cdots + \alpha_p \cdot X_{t-p} + \beta_1 \cdot \varepsilon_{t-1} + \cdots + \beta_q \cdot \varepsilon_{t-q} + \varepsilon_t$$

$$\varepsilon_t = \sigma_t \cdot z_t \quad \text{mit } z_t \sim N(0,1)$$

$$\sigma_t = \sqrt{\alpha_{G0} + \sum_{i=1}^{q} \alpha_{Gi} \cdot \varepsilon_{t-i}^2 + \sum_{j=1}^{p} \beta_{Gj} \cdot \sigma_{t-j}^2}$$

Kovarianz-Stationarität liegt vor, wenn die jeweiligen Bedingungen für das ARMA-Modell erfüllt sind und für den GARCH-Teil gilt, dass $\sum_{i=1}^{q} \alpha_{Gi} + \sum_{j=1}^{p} \beta_{Gj} < 1$.
[Ruppert 2011, S. 483ff.; Zhao 2010, S.16; Mazzoni 2010, S.107]

3. Verfahren zur Modellauswahl

Vor der Ermittlung der jeweiligen Parameter ist es oft zunächst notwendig, ein geeignetes Modell und die Anzahl der Parameter innerhalb des Modells zu selektieren. Die Verfahren sollen hierbei die Qualität der Modellierung messen, um diese miteinander vergleichen zu können. Zum Einsatz kommen sogenannte Informationskriterien, welche die Parameteranzahl als Strafterm berücksichtigen, um eine Überparametrisierung zu vermeiden. Informationskriterien sind im Vergleich zur graphischen Auswertung von Korrelogrammen objektiver. Ein Maß für die Güte der Approximation ist entweder über die Maximum Likelihood oder die geschätzte Residualvarianz $\hat{\sigma}^2_{p,q}$ erklärt. $log\hat{\sigma}^2_{p,q} = -\frac{2}{T}logML$.

3.1 Akaike's Informations Kriterium

Akaike's Information Criterion (AIC) ist eine Kennzahl, um mögliche Spezifikationen von AR- und ARMA-Modellen zu vergleichen.

$$AIC = -2\frac{logML}{T} + 2\frac{p}{T} = -\frac{2}{T}(logML - p), \quad p = arg\min_{p} AIC(p)$$

$$AIC = -2\frac{logML}{T} + 2\frac{p+q}{T} = -\frac{2}{T}\big(logML - (p+q)\big), \quad p,q = arg\min_{p,q} AIC(p,q)$$

T ist die Anzahl der Beobachtungen, p bzw. q stehen für die Parameteranzahl und befinden sich so wie erwähnt im Strafterm. Da dieser Strafterm positiv in die Formel eingeht, wird das Modell mit minimalem AIC gewählt. Das AIC tendiert zwar zur Überschätzung der Modellordnung, führt jedoch asymptotisch nie zu einer Unterschätzung.

3.2. Schwarz-Bayes Informations Kriterium

Das Schwarz-Bayes-Criterion (SBC) oder auch Bayes Information Criterion (BIC) dient ebenfalls der Schätzung der Parameteranzahl, neigt allerdings nicht zum Überschätzen wie beim AIC. Das liegt daran, dass eine Erhöhung von p zur einer höheren "Strafe" führt als in der AIC-Formulierung.

$$SBC = -2\frac{logML}{T} + \frac{p\log(T)}{T} = -\frac{2}{T}\Big(logML - \frac{p}{2}log(T)\Big), \quad p = arg\min_{p} SBC(p)$$

$$SBC = -2\frac{logML}{T} + \frac{(p+q)\log(T)}{T} = -\frac{2}{T}\Big(logML - \Big(\frac{p+q}{2}\Big)log(T)\Big),$$
$$p = arg\min_{p} SBC(p,q)$$

Das SBC ist stark konsistent, d.h. $P[\lim_{N\to\infty}[\hat{p},\hat{q}] = [p_0,q_0]] = 1$, aber nicht asymptotisch effizient. [Mazzoni S.85; Rinne/Specht 2002, S411ff; Schlittgen 1994, S.335ff]

In dieser Untersuchung werden sowohl AIC als SBC (in R als BIC) berücksichtigt, sowie die Anzahl der signifikanten Parameter unter der Anzahl aller Parameter.

4. Technische Indikatoren

Indikatoren können als Werkzeuge verstanden werden, mit denen versucht wird Kursverläufe vorherzusagen. Sie beruhen auf mathematischen Formeln, in welche die Kurs- und/oder Volumendaten einfließen und können somit als objektiv betrachtet werden. Aus diesem Grund sind sie häufig Bestandteil von Handelssystemen und werden auch zum Back-Testing herangezogen. Diese Indikatoren können aber auch als Werkzeuge zur Zeitreihenanalyse aufgefasst werden. Denn umso besser die Eigenschaften der zugrundeliegenden Zeitreihe untersucht sind, umso besser sollte ein daraufhin entwickelter Indikator funktionieren. Da sie stets nur die zuletzt realisierten Daten einbeziehen können, laufen die meisten Indikatoren der Gegenwart hinterher.

Indikatoren unterscheiden sich in verschiedene Kategorien, je nachdem ob sie Marktlagen, Trends oder Dynamiken analysieren sollen, wobei es auch zu mehrfacher Einordnung kommen kann. Es gibt drei Hauptgruppen von Indikatoren, die Trendfolger, Oszillatoren und Indikatoren welche Informationen zu Trendstärke, Volatilität und Volumen liefern.

4.1 Indikator-Kategorien

4.1.1 Trendfolger

Ein Trend bezeichnet zunächst eine bestätigte Richtung eines Kursverlaufes. Die Bestätigung eines Trends zeigt sich in einer Wiederholung steigender oder fallender Höchst- bzw. Tiefstkurse innerhalb eines angelegten Zeithorizonts, d.h. es existieren über- und untergeordnete Trends. Diese lassen sich optisch mittels der sogenannten Chartanalyse bestimmen. Wie am folgenden DAX-Kurs zu sehen ist, lassen sich die Höchst- und Tiefstkurse mit Linien verbinden. Damit lassen sich Trends abbilden, die sich bspw. als gerade, sich öffnende oder schließende Kanäle offenbaren.

Abb. 4.1 Trendkanäle beim DAX-Kurs

Trendfolger versuchen nun, diese Trends über die Mathematik zu erkennen und abzubilden, um entweder die Ergebnisse der Chartanalyse zu bestätigen oder selbst die Primärinformation zu liefern. Doch schon aus dem Begriff heraus lässt sich ableiten, dass diese Indikatoren dem Trend sowie dem Trendwechsel nachlaufen, folglich ihn erst anzeigen, wenn er schon eingetreten ist. Wie groß diese Verspätung ist, hängt davon ab, wie die jeweiligen Indikatoren spezifiziert, interpretiert oder modifiziert werden. Dies will soll später noch eingehender erläutert werden. Es können zudem auch überkaufte oder überverkaufte Marktlagen nicht angezeigt werden. Um diesen Mangel zu beheben, kommen z.B. Oszillatoren zum Einsatz.

4.1.2 Oszillatoren

Diese Indikatoren pendeln, aufgrund ihrer Berechnungsart, ständig zwischen zwei Extremzonen um eine Mittellinie hin und her und sind daher mit physikalischen Schwingungen vergleichbar. Solche Schwingungen sollen in Kursverläufen gefunden werden, um unter Einbezug der typischen Eigenschaften einer Schwingung, den weiteren Kursverlauf zu prognostizieren.

Je nach Skalierung des Wertebereiches bewegen sich die Oszillatoren zwischen 0 und 100 Punkte bzw. Prozent. Die horizontale Mittelpunktlinie befindet sich somit beim Wert 50. Im Falle einer Unterteilung in positiven und negativen Bereich liegt die Mittellinie entsprechend bei 0. Die oberen und unteren Grenzen können in Richtung der Mittellinie zu Grenzzonen bzw. Extremzonen ausgedehnt werden. Mit der Breite dieser Zonen lässt sich die Sensibilität des Indikators einstellen.

<u>Funktionsweise</u>

Eine Extremzone stellt den Bereich dar, indem der Basiswert innerhalb eines Trends überkauft (obere Zone) oder überverkauft (untere Zone) ist, womit der Oszillator Extremphasen im Kursverlauf anzeigt. Wenn der Oszillator in eine Extremzone kommt, so sollte der Theorie zufolge wieder eine Gegenbewegung einsetzen in Richtung der anderen Extremzone. Je nach Interpretation lassen sich aus dem Verhalten des Oszillators Handelssignale ableiten.

Der Eintritt z.B. in die obere Zone kann als Verkaufssignal festgelegt werden und der Austritt aus der unteren Zone als Haltesignal. Das Kreuzen der Mittelpunktlinie kann als Bestätigung der Trendrichtung verstanden werden. Divergiert der Oszillator vom Kurs, signalisiert dies ein Trendende.

Da Kurse in Auf- oder Abwärtstrends den Oszillator in eine Extremzone treiben ohne dass gleichzeitig eine zur Handlung auffordernde Marktlage besteht, ist der Einsatz von Oszillatoren als Signalgeber nur in Seitwärtsbewegungen zu empfehlen.

Anhand der untersuchten Zeitreihe, welche so gut wie keine Seitwärtsbewegungen bei optischer Betrachtung aufweist, sollte sich damit zeigen, dass die Anwendung von Oszillatoren auf sie ohne größeren Erfolg bleibt.

4.1.3 Trendstärke- und Volatilitätsindikatoren

Weil der Sinn einer Anwendung von Trendfolgern und Oszillatoren davon abhängt, ob ein Trend vorherrscht oder nicht, entsteht die Notwendigkeit dies ebenfalls zu untersuchen. Zur Lösung dieser Aufgabe können Trendstärke- bzw. Trendintensitätsindikatoren dienen. Diese generieren selbst keine Handelssignale. Durch die Fähigkeit, das Vorhandensein von Trendphasen zu prüfen, können sie jedoch als Bestätigung der bereits genannten Indikatorengruppen nützlich sein. Hieraus lässt sich bereits eine Begründung für die Kombination von Indikatorgruppen ableiten.

Volatilitätsindikatoren analysieren die Standardabweichung des Kurses im angelegten Zeithorizont. Es wird also die Kurs-Volatilität sowie die Volatilitätsentwicklung quantifiziert und keine Kurs-Richtung angezeigt. Auch diese Indikatorenvariante dient eher der Kombination mit anderen Indikatoren als der eigenständigen Erzeugung von Handelssignalen.

4.1.4 Volumenindikatoren

Die Volumenindikatoren, welche auch Umsatzindikatoren genannt werden, sollen über die Entwicklung der gehandelten Volumina des jeweiligen Finanztitels informieren. Vergleichbar den Trendfolgern wird versucht Volumentrends, deren Wechsel und Extremzonen zu bestimmen. Darüber hinaus werden sie verwendet um Divergenzen zum Kursverlauf zu erkennen.

Volumenindikatoren gründen sich auf den Marktmechanismus des Nachfrage-Angebot-Verhältnisses zur Preisbildung, womit selbstständig gute Handelssignale generierbar sind. Gleichzeitig bedeutet der Preis-Volumen-Zusammenhang, dass für den Vergleich mit anderen auf Kursen basierenden Indikatoren, Volumen und Kurse gleichzeitig und zusammenhängend simuliert werden müssten. Dies bedarf multivariater Modelle, was den Rahmen Analyse sprengen würde. [Saul 2005; S.111,132ff; Müller 2007, S.18ff; HSBC 2012, S.116ff]

4.2 Einzelindikatoren

4.2.1 Moving Average-Indikatoren

Aufgrund ihrer Einfachheit und Objektivität zählen Moving Averages (Gleitende Durchschnitte) zu den häufigsten angewendeten Indikatoren. Sie fungieren als Signalgeber für Trends, Trendfortsetzungen, Trendphasen und -wechsel. Für Seitwärtsbewegung von Kursen sind sie, vor allem bei höher angelegten Zeithorizonten ungeeignet.

Die Moving Averages zeigen den Durchschnittskurs des vergangenen Betrachtungszeitraums für die entsprechende Anzahl von Kursen (überwiegend Tageskurse). Dabei fällt mit jedem neu hinzukommenden Kurswert der älteste aus der Berechnung heraus. Moving Averages bilden so aus dem Kursverlauf eine Glättungslinie, was diesen Indikatortyp als typischen Trendfolger auszeichnet. Auf dieser Basis wurden verschiedene Unterarten herausgebildet, welche sich durch die jeweilige Datengewichtung unterscheiden.

<u>Bewertung und Handelssignale</u>

Aufwärtstrends werden von steigenden MAs und Abwärtstrends von fallenden MAs offenbart. Eine fallende Dynamik im Anstieg oder Abstieg des MA kann auf einen Trendwechsel deuten. Das Hauptsignal wird durch das Kreuzen von MA und Kurs erzeugt, wobei der Kurs jedoch erst zum Kreuzungszeitpunkt gegeben ist. Ein Kaufsignal entsteht, wenn der Kurs den MA von unten kreuzt und das Verkaufssignal demnach durch das Kreuzen von oben. An der folgenden Darstellung eines Simple Moving Average sollen die typischen Handelssignale und weitere Möglichkeiten zur Signalgenerierung erläutert und gezeigt werden.

<u>Beispiel</u>

Abb. 4.2 Handelssignale bei einem Simple Moving Average der Länge 20

Wie zu erkennen ist, lassen sich an den Kreuzungen von Kurs und Indikator Handelssignale ableiten (Pfeil abwärts: Verkauf und Pfeil aufwärts: Kauf). Dabei kommt es aber auch zu Fehlsignalen, welche mit Kreisen umrandet sind. Um diese zu vermeiden, ließen sich Filter einbauen, z.B. indem der MA zu einem bestimmten Prozentsatz erst überschritten sein muss, bevor ein Signal ausgelöst wird. Der Filter würde damit allerdings auch die Reaktion des Indikators an korrekten Stellen verzögern.

Werden die Anstiege des Moving Average betrachtet, ließen sich auch daraus Signale ableiten. Die Zahlen 1-8 nummerieren verschiedene Anstiegs- bzw. Abstiegssituationen. Nummer 1 stellt bspw. einen eindeutigen Aufwärtstrend dar. Bei Nr. 2 ist bereits eine Verringerung des Anstiegs zu verzeichnen was auf einen baldigen Trendwechsel hindeutet. Damit könnte bereits ein Kaufsignal ausgelöst werden, welches früher entsteht, als das Signal in Folge der Kreuzung. Bei Nr. 5 und 8 würde das Signal nahezu gleichzeitig ausgelöst werden. Ob diese Methode angewendet wird oder nur als Bestätigung dient, kann jeder für sich entscheiden, denn auch hier existieren Fehlsignale die es erst zu bereinigen gilt. [Saul 2005, S67-69; Müller 2007, S.172ff] Die Bedeutung der hier erklärten Pfeile gilt auch für die weiteren Grafiken.

4.2.1.1 Simple Moving Average

Der einfache Moving Average (SMA) berechnet sich als arithmetisches Mittel der Kurse im Beobachtungszeitraum. Die einzelnen Kurse sind somit gleichgewichtet.

$$MA_{Nt} = \frac{1}{N}\sum_{i=0}^{T-1} X_{t-i}$$

$X_t = Kurs\ Zeitpunkt\ t$, $N = Anzahl\ der\ Kurse\ im\ Betrachtungszeitraum$

Durch das Setzen einer festen Länge des Beobachtungszeitraumes, ändert sich der SMA zweimal. Einmal durch die Hinzunahme des neuen Kurses und zum Zweiten durch das Herausfallen des ältesten Kurses. War der älteste Kurs sehr tief oder sehr hoch kann das je nach Länge des Zeitraums eine stark verzerrende Wirkung auf den SMA haben. Der einfache MA hat je nach gewünschter Fristigkeit verschiedene Standardlängen. Diese wären 10, 15, 20, 30, 38, 50 und 200 Tage, bekannt als 200-Tage-Linie. Mit zunehmender Periodenlänge steigt entsprechend die zeitliche Verzögerung und sinkt die Anzahl von Signalen. Gleichzeitig werden damit kurzfristige Trends außer Acht gelassen, wodurch sich auch die Chance ihrer Nutzung reduziert. In diesem Buch werde ich die 3er, 10er, 15er, 20er und 30er SMA untersuchen.

4.2.1.2 Weighted Moving Average

Im gewichteten Moving Average fließen die jüngeren Kurse mit einem höheren Gewicht ein als die älteren Kurse. Das wirkt sich vorteilhaft auf die Aktualität aus. Allerdings werden auch hier nur die zur Berechnungsgrundlage zählenden Kursbewegungen einbezogen, einem Problem dem beim EMA begegnet wird. Im Falle einer linearen Gewichtung werden die Kurse entlang ihrer Position im Zeitablauf gewichtet. Für einen 10-Tage-MA bedeutet das, dass der aktuellste Kurs mit 10 und der älteste Kurs mit 1 multipliziert werden und folgend die Summe der gewichteten Durchschnitte durch die Summe der Gewichte dividiert wird.

$$WMA_{Tt} = \frac{\sum_{i=1}^{N} w_i X_{t+1-i}}{\sum_{i=1}^{TN} w_i} \quad w_i = Gewichtsfaktor$$

4.2.1.3 Exponential Moving Average

Der EMA ist eine Weiterentwicklung des linear gewichteten MA. Während beim einfachen und linear gewichteten MA die älteren Kurse fortlaufend aus der Rechnung fallen, verbleiben beim EMA die älteren Werte in der Berechnungsmasse. Wie beim linearen WMA kommt es zu einem zunehmenden Verblassen der älteren Kurse. Die Differenz aus dem heutigen Schlusskurs und dem EMA des Vortages wird mit dem Gewichtungsfaktor multipliziert und dann wieder zum EMA des Vortages addiert.

$$EMA_t = EMA_{t-1} + \left(\left(\frac{2}{N+1}\right)(X_t - EMA_{t-1})\right)$$

N = Berechnungsperiode (definiert für den Exponenten)

Der Gewichtungsfaktor berechnet sich durch Division von 2 durch die Anzahl der Perioden. Weil in die Berechnung alle Kursreihen einfließen ist der Indikator fortlaufend und besitzt eine theoretisch unendliche Einlaufzeit. Untersucht wird der, auch für einen anderen Indikator benötigte EMA mit N=15.

4.2.1.4 Triangular Moving Average

Dieser MA ist linear gewichtet, allerdings erfolgt die Verteilung der Gewichte in einer Dreiecksform, womit dem mittleren Bereich der Glättungsperiode höhere Bedeutung zukommt. Beispiel der Gewichtsverteilung für 10 Tage: 1,2,3,4,5,5,4,3,2,1. Er kann mit einer doppelten linearen Glättung verglichen werden unter Halbierung der Glättungsperiode. Der Verlauf des Indikators ist zwar konstanter dadurch jedoch auch reaktionsträger.

$$TMA_t = \frac{1}{n}\sum_{k=0}^{T+1} MA^n_{t-k}, n = \left[\frac{N+1}{2}\right]$$

$MA^n_{t-k} = MA\ mit\ Länge\ n,$ $N = Anzahl\ der\ Kurse\ im\ Betrachtungszeitraum.$

4.2.1.5 Variable Moving Average

Eine Weiterentwicklung des EMA ist der VMA. Hier hängt der Glättungsfaktor von der Varianz des Basiswerts ab, umso höher die Volatilität umso größer die Glättung. Durch diese Variabilität besitzt der Indikator die Fähigkeit zwischen Trends und Seitwärtsbewegungen zu unterscheiden.

$$VMA_t = VMA_{t-1} + \left(\left(\left(\frac{2}{N+1}\right)\cdot VR\right)\cdot(X_t - VMA_{t-1})\right)$$

$$VR = Volatility\ Ratio = \left(\frac{Today's\ True\ Range}{True\ Range\ over\ N - Days}\right)$$

4.2.2 Crossing Moving Averages

Eine weitere Methode zur Generierung von Handelssignalen, über die Nutzung von Moving Averages, ist das gegenseitige Kreuzen zweier oder mehrerer MA verschiedener Periodenlängen. Im einfachsten Fall (2 MA) kreuzt der schnellere den trägeren Moving Average von unten nach oben, was ein Kaufsignal bedeutet.

Untersuchungsgegenstand sollen hier das Crossing von 10er und 15er Simple Moving Average sowie das Crossing von 15er und 30er SMA sein.

4.2.3 Envelopes

Envelopes bilden eine Hülle in bestimmtem Abstand um einen Moving Average. Es existieren verschiedene Konstruktions- und Interpretationsmöglichkeiten. Hauptziel bleibt immer, einen wesentlichen Teil der Kursbewegung einzufangen. Sie bestehen aus dem Basis-MA, dem unteren und dem oberen Envelope. Die Abstände zwischen den Envelopes und dem MA kann entweder prozentual oder als fester Betrag bestimmt werden. Ebenfalls ist es möglich die oberen und unteren Abstände mit unterschiedlichen Gewichten ω zu multiplizieren. Unter der Anwendung von Excel ist es möglich per Solver-Funktion die Abstände für lange Zeiträume zu optimieren.

$$oberes\ Envelope = MA_x + (MA_x \cdot Prozentsatz/100)$$

$$unteres\ Envelope = MA_x - (MA_x \cdot Prozentsatz/100)$$

bzw.

$$oberes\ Envelope = MA_x + (MA_x \cdot \omega_o(Prozentsatz/100))$$

$$unteres\ Envelope = MA_x - (MA_x \cdot \omega_u(Prozentsatz/100))$$

$$\omega_o, \omega_u = Gewichte\ für\ die\ oberen\ und\ unteren\ Abstände$$

<u>Bewertung und Handelssignale</u>

Die Handelssignale können abhängig von der Abstandsdefinition innerhalb und außerhalb der Envelopes bestimmt werden. Für den Handel innerhalb der Envelopes gilt: Wenn der Kurs z.B. dem oberen Envelope nahekommt, wird ein Verkaufssignal generiert und entsprechend ein Kaufsignal beim Annähern an das untere Envelope. Erfolgt ein Handel außerhalb der Envelopes, so entstehen ein Kaufsignal beim Durchbruch des oberen Envelopes von unten und ein Verkaufssignal demnach beim Durchbruch des unteren Envelope von oben. [Müller 2007, S.134ff]

Untersucht werden Envelopes mit einem Basis-SMA mit N=20 und den Abständen 3,0 und 3,5 Prozent zum oberen sowie 3,0 und 3,5 Prozent zum unteren Envelope bei Handel außerhalb der Envelopes.

Abbildung 4.3 zeigt die generierten Signale von Envelopes auf Basis des SMA 20(Standard) mit 3% Abstand und Handel außerhalb der Envelopes. Im Beispiel ersichtlich werden die Signale (Pfeile) mehrfach zu spät generiert. Inwieweit eine Regulierung der Abstände zu besseren Signalen führt, ist zudem davon abhängig, welche Volatilität der Basiswert aufweist. So könnte auch eine Änderung des zugrundeliegenden Moving Average das Ergebnis verbessern.

Beispiel

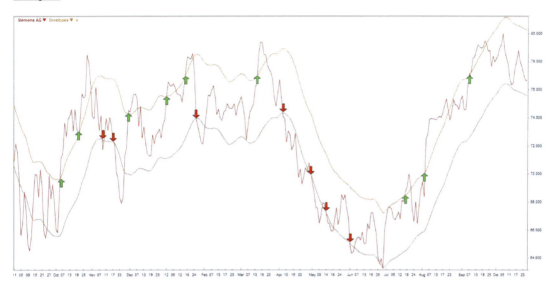

Abb. 4.3 Handelssignale bei den Envelopes am Beispiel der Siemens-Aktie

4.2.4 Bollinger Band

Die Bollinger Bänder sind eine Weiterentwicklung bzw. Variante der Envelopes und damit ebenfalls Trendfolger. Die Bollinger Bänder sollten aber nach dem Wunsch des Entwicklers John Bollinger die Volatilität des Kurses einbeziehen. Um diese in ein Kanalsystem wie dem Envelope-Indikator zu integrieren, wird als Abstand zum MA eine k-fache Standardabweichung verwendet. Entsprechend erhöht sich die Breite der „Hülle" wenn die Volatilität ansteigt und verschmälert sich mit sinkender Volatilität. Wie bei den Envelopes ist auch hier eine Optimierung der Abstände möglich. Ob sich das als sinnvoll erweist, lässt sich immer erst im Backtesting nachprüfen.

$$oberes\ Band = MA + k_o \cdot \sigma_t$$

$$unteres\ Band = MA + k_u \cdot \sigma_t$$

σ_t = Standardabweichung für n − letzte Kurse, $\quad k_{o,u} \in |\mathbb{Q}|$.

Für $k_{o,u}$ wurde von Bollinger als Faktor 2 und für den MA eine Periode von 20 empfohlen.

Bewertung und Handelssignale

Generell tendiert der Basiswert dazu zwischen den Bändern hin und her zu pendeln. Nähern sich beide Bänder dem MA, so ist mit einer starken Kursbewegung zu rechnen, die Gründe liegen im „Volatilitätsclustering". Ein Schneiden der Bänder deutet auf eine Trendfortsetzung in Richtung des Durchbruchs. Außerhalb der Bänder entstehende Tops oder Böden, die sich dann innerhalb der Bänder wiederholen, deuten auf Trendwende hin. Je nach Einstellung der Abstände lassen sich die Handelssignale unterschiedlich ableiten. Im Falle einer einfachen Standardabweichung lässt sich definieren:

Kaufsignal: Wenn der Kurs das untere Band nach oben durchbricht,

Verkaufssignal: Wenn der Kurs das obere Band nach unten durchbricht und

Closing: Wenn der Kurs das Band von innen nach außen durchbricht.

Die Bollinger Bänder liefern zwar teilweise sehr präzise Handelssignale, häufig jedoch auch viele Fehlsignale wie die folgende Abbildung 4.4 offenbart. Daher wird empfohlen, k für die jeweilige Marktlage anzupassen. Wenn über mehrere simulierte Zeitreihen und damit über verschiedene Marktlagen gleichzeitig die Bollinger Bänder analysiert werden, ist diese Art der Anpassung so nicht möglich bzw. zu aufwändig. Diese Anpassung wird zudem so individuell gehandhabt, dass es hierfür auch noch keine klaren Regeln gibt und daher in den mir bekannten Analyse-Plattformen keine festen Voreinstellungen gibt.

Beispiel

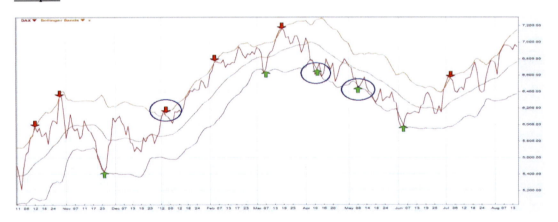

Abb. 4.4 Bollinger Band mit Handelssignalen und Fehlsignalen (umkreist)

Im Rahmen dieser Analyse wird untersucht wie sich der Indikator unter den Einstellungen k=2 und k=1,8 und der beschriebenen Signalgenerierung verhält. [Müller 2007, S.51ff]

4.2.5 Momentum

Das zu den Oszillatoren zählende Momentum, ist einer der meist verwendeten Indikatoren. Das liegt einerseits an seiner einfachen Berechnung und andererseits daran, dass er Trendwechsel vorhersagen kann. Für das Momentum existieren darüber hinaus unzählige Anwendungsmöglichkeiten.

Ziel des Momentum ist es, die Stärke einer Kursbewegung auszulesen und diese Dynamik zu quantifizieren. Das Momentum ist damit ein Anzeiger für die Schwungkraft und Richtung einer Kursbewegung, kann aber auch auf andere Indikatoren angewendet werden. Mit diesem Indikator können ebenfalls Untersuchungen zu Divergenzen erfolgen. Die Standardvarianten werden wie folgt berechnet.

$$als\ Absolutwert:\ Momentum = X_t - X_{t-n}, n > 0,$$

$$als\ Relativer\ Wert:\ Rate\ of\ Change = \frac{X_t - X_{t-n}}{X_{t-n}} \cdot 100.$$

Standardeinstellungen sind n = 10, 12, 20 oder 30 Tage/Wochen.

Bewertung und Handelssignale

Bei der Interpretation ist die Lage und Richtung des Momentum zunächst ausschlaggebend. Steigt die Indikatorlinie im positiven Bereich, wird eine zunehmende Dynamik im Basiswert unter Fortsetzung eines Aufwärtstrends angezeigt. Fällt diese Linie im positiven Bereich, schwindet die Schwungkraft und das Trendende kündigt sich an. Spiegelbildlich ist die Interpretation der Momentum-Linie, wenn sich diese unter der Nulllinie befindet.

1. Variante

Das Momentum hat die Eigenschaft dem Kurs voraus zulaufen, was bedeutet, dass es seinen Hoch- bzw. Tiefpunkt dann erreicht, wenn die Schwungkraft der Kursbewegung maximal ist. Dadurch wird ein Trendwechsel schon angekündigt, selbst wenn der Kurs noch weiter im aktuellen Trend läuft. Hieraus resultieren die Handelssignale:

Ein typisches Kaufsignal ergibt sich wenn der Indikator seine Nulllinie von unten schneidet. Demnach entsteht ein Verkaufssignal, wenn die Nulllinie von oben nach unten gekreuzt wird.

2. Variante

Als weitere Möglichkeit ist die Divergenz-Konvergenz-Analyse, wo die Höchst- und Tiefstkurse im Focus stehen. Ein wichtiges Signal ist eine Konstellation in welcher Kurs und Momentum sich in gegensätzliche Richtung bewegen, der Kurs also bspw. neue Höchstkurse ausbildet während die Stände des Momentum bereits wieder sinken. Dieses Verhalten lässt sich als Verkaufssignal interpretieren. Bei dieser Analyse wird sich auch mit graphischen Unterstützungslinien beholfen. Überlagern sich die Linie des fallenden Momentum (Widerstandslinie über Höchststände) mit der Unterstützungslinie steigender Tiefstkurse, so ist das als Kaufsignal zu werten. [Lambert, Der Momentum-Indikator]

3. Variante

Beim Anlegen des Simple Moving Average an das Momentum entstehen die Signale durch das Kreuzen dieser Indikatoren. Sinnvoll ist die Nutzung kurzer Zeiträume für den SMA, um die Verzögerung gering zu halten. [Müller 2007, S.210ff]

Filter

Filter lassen sich definieren, indem z.B. um die Nulllinie eine neutrale Zone gelegt wird. Somit ist nicht mehr die Nulllinie die Signallinie sondern die Grenzen der neutralen Zone, wie es in Abbildung 4.5 dargestellt ist.

Beispiel

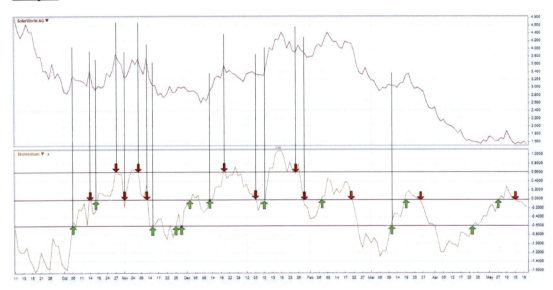

Abb. 4.5 Handelssignale eines Momentum mit n=12 mit Signalen mit und ohne Filter am Kurs der Solarworld-Aktie (Okt. 2011-Mai 2012)

Der Filter bildet die zur Mittellinie parallel oberhalb und unterhalb verlaufenden Linien im unteren Bildbereich. Die senkrechten Linien in der Abbildung zeigen auf die jeweiligen Kurse, bei denen gekauft bzw. verkauft werden würde. Es wird zunächst das Momentum mit n=12 und n= 25 ohne Filterverwendung (Variante 1) untersucht.

4.2.6 Relative Strength Index

Der RSI gehört zu den Kontratrend-Oszillatoren, was bedeutet, dass Trendwenden angezeigt werden. Dieser Indikator von Welles Wilder Jr. kann als Weiterentwicklung des Momentums verstanden werden und misst die innere Kraft im Kurs. Es wird die Relation der Aufwärts- zu den Abwärtsschlusskursen der Betrachtungsperiode ermittelt. Der RSI pendelt dabei im Bereich zwischen 0 und 100 Punkten und ist in der Lage auf Übertreibungen im Verlauf des Basistitels hinzuweisen. Seine Fähigkeit Trendwechsel zu erkennen, befähigt ihn damit auch in Trends und nicht nur in Seitwärtsphasen eingesetzt zu werden.

Gegenüber dem Momentum bestehen aber folgende Vorteile. Die parallele Berechnung der Auf- und Abwärtskraft führt zu einer Glättung des Kursverlaufs im RSI. Dadurch verzerren Schocks die RSI-Linie weniger stark. Die Abstellung auf ein einheitliches Intervall von 0 bis 100 erleichtert zudem die Vergleichbarkeit bei Anwendung auf verschiedene Basiswerte.

Die Berechnung erfolgt mehrstufig.

1. Summierung der Differenzen der Aufwärtsschlusskurse und der Abwärtsschlusskurse innerhalb der Betrachtungsperiode.
2. Division dieser Summen durch Beobachtungsanzahl minus eins.

Daraus ergibt sich der Tagesdurchschnittswert für die Kräfte im Basistitel. Mit der Division von durchschnittlicher Aufwärts- durch die durchschnittliche Abwärtskraft berechnet sich die Relative Stärke (RS). Anschließend errechnet sich der RSI wie folgt.

$$RSI = 100 - \left(100/(1 + RS)\right)$$

$$mit\ RS = U/D$$

$$U = \emptyset\ Aufwärts - Schlusskursbewegungen\ letzter\ n - Tage$$

$$D = \emptyset\ Abwärts - Schlusskursbewegungen\ letzter\ n - Tage$$

Für U und D gilt:

$$U = \left((n-1) \cdot U_{t-1} + u\right)/n$$

$$D = \left((n-1) \cdot D_{t-1} + d\right)/n$$

$$Für\ X_t > X_{t-1} :\ u = X_t - X_{t-1}\ und\ d = 0$$

$$Für\ X_t < X_{t-1} :\ d = X_{t-1} - X_t\ und\ u = 0$$

Nach Empfehlung von W. Wilder wird *n* auf 14 Tage eingestellt. An dieser Einstellung orientiert sich die Bewertung.

<u>Bewertung und Interpretation</u>

Die innere Stärke wird dem Oszillator entnommen. Liegt der RSI bei 0 wird eine überverkaufte Marktlage des Basistitels angenommen, liegt er bei 100 gilt der Basistitel entsprechend als überkauft. An diesen Grenzen sollte also ein Trendwechsel eintreten.

Damit der Trendwechsel nicht zu spät erkannt wird, empfahl W. Wilder, Zonen vor den Grenzwerten einzurichten, um die Sensibilität zu erhöhen. Als überkauft gilt der Basistitel dann bereits wenn der RSI über 70 steigt, bzw. als überverkauft wenn der RSI unter die Marke von 30 fällt. Die Signallinien, welche diese Randzonen definieren, sollten der angelegten Periodenlänge und der Trendstärke angepasst werden. Für einen 9-Tage-RSI werden die Signallinien bei 80 und 20 gesetzt. Anhand dieser Betrachtung, lassen sich folgende Handelssignale generieren wie sie im Beispiel der Abbildung 4.6 auf der nächsten Seite gezeigt werden. Im starken Aufwärtstrend 80 und 30 sowie im starken Abwärtstrend bei 70 und 20.

Kaufen, wenn der RSI unter 30 oder 20 fällt und anschließend in Gegenrichtung dreht.

Verkaufen, wenn der RSI über 70 oder 80 steigt und anschließend in Gegenrichtung dreht.

Das Signal wird also mit dem Wiederaustritt aus den Randzonen ausgelöst.

Ähnlich wie beim Momentum können wieder Divergenz-Analysen und das Antragen eines Moving Average erfolgen. [Müller 2007, S.343ff; Saul 2005, S.119]

Beispiel

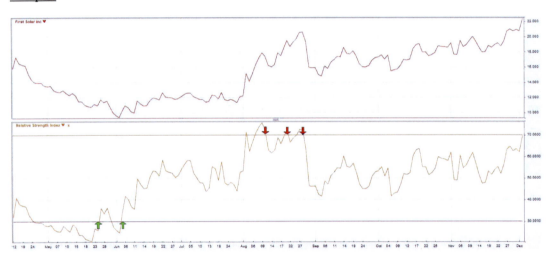

Abb. 4.6 Handelssignale des RSI (unterer Bildteil) auf 14-Tage-Basis mit Signallinien bei 70 und 30, wie er in dieser Untersuchung getestet wird.

In der Chartmitte ist zu erkennen, dass ein Verkaufssignal zu früh ausgelöst und ein günstiger Wiedereinstieg wegen eines fehlenden Kaufsignals verpasst wurde. Die Lösung wäre ein leichtes Höhersetzen der unteren Signallinie als Anpassung an den leichten Aufwärtstrend, der sich bereits im Voraus abzeichnete. Das zu frühe Verkaufssignal hätte damit aber nicht behoben werden können.

4.2.7 Williams %R

Ein weiterer Oszillator ist der Williams-Indikator von Larry Williams. Dieser ist ebenfalls ein Anzeiger für überkaufte und überverkaufte Marktlagen. Er soll die Energie messen, mit der ein Trend in eine bestimmte Richtung von den Marktteilnehmern getrieben werden kann. Wenn die Energie der Hausse-Richtung schwindet, dreht die %R-Linie (R für Range) aus der überkauften Zone zurück. Ähnlich dem RSI pendelt der Indikator zwischen 0 und 100 Prozent, wobei durch eine invertierte Darstellung der 0-Prozent-Wert oben und der 100-Prozent-Wert unten liegt. Der Verkaufsbereich liegt damit wie bei vielen anderen Indikatoren im oberen Bereich und der Kaufbereich demnach im unteren Bereich. Der %R Oszillator errechnet sich wie folgt.

$$\%R = \big((H_n - X)/(H_n - L_n)\big) \cdot (-100),$$

$$H_n = Periodenhoch\ in\ der\ Periode\ der\ Länge\ n$$

Für n lassen sich die Standardeinstellungen n = 5, 10, 14 und 28 Tage verwenden.

Bewertung und Handelssignale

Befindet sich der Indikator in der Zone zwischen 80 und 100 Prozent, gilt der Basistitel als überverkauft. Ist der Indikator im Bereich von 0 und 20 Prozent, wird der Basistitel als überkauft betrachtet. Die Handelssignale entstehen beim Wiederaustritt aus diesen Zonen.

Die Handelssignale legte Williams unter Berücksichtigung der hohen Reagibilität dieses Oszillators fest.

Kaufen, wenn
1. der %R 100 % erreichte,
2. vor 5 Handelstagen zuletzt 100 % erreicht wurden,
3. der Indikator anschließend wieder die Zone bei 85 % / 95 % verlässt

Verkaufen, wenn
1. der %R Null Prozent erreichte,
2. vor fünf Handelstagen zuletzt Null Prozent erreicht wurden,
3. der Indikator anschließend wieder die Zone bei 15 % / 5 % verlässt

Die Anwendung der Signale sollte in Trendrichtung erfolgen, d.h. Verkaufen als Positionsschließung in einem bald endenden Aufwärtstrend und Kaufen als Positionseröffnung zu Beginn eines Aufwärtstrends. Der Trend wird dabei mit Hilfe eines 25-Tage-Momentums oder 10-Tages-Moving Average bestimmt. [Müller 2007, S.472 ff]

Da der 10-Tages-Moving Average und das Momentum 25 weder bei der Originalzeitreihe noch bei den Simulationen ausreichend gute Ergebnisse lieferten, sollen diese hierfür auch nicht verwendet werden. Untersuchungsgegenstand wird ein Williams %R mit n=10 und den Zonen von 15 und 85 Prozent wie die folgende Abbildung zeigt.

Beispiel

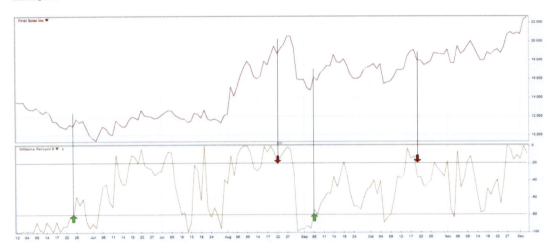

Abb. 4.7 Handelssignale des Williams %R unter Berücksichtigung der 5-Tages-Regel

4.2.8 TRIX

Dieser trendfolgende Oszillator von Jack K. Hutson gründet sich auf der Rate-of-Change eines exponentiellen Moving Average, welcher dreifach geglättet wird, woraus sich auch die Bezeichnung ableitet, **Tri**ple **Ex**ponential. Die dreifache Glättung dient dem Ausfiltern von unwesentlichen Kursschwankungen. Gleichzeitig bekommt die Mitte des Betrachtungszeitraums mehr Gewicht, wobei die Gewichtung der letzten und ersten Kurse des Zeitraums sinkt.

Die Berechnung erfolgt zunächst über eine dreifache exponentielle Glättung der aktuellen Schlusskurse. Anschließend wird ein dreifach exponentiell geglätteter Moving Average des Vortages abgezogen und die Differenz durch den Moving Average dividiert.

$$TRIX = \big((T_t - T_{t-1})/T_{t-1}\big) \cdot 100 \quad \text{mit } T_t = \text{dreifach geglätteter Moving Average}$$

Für die Periodenlänge t wird eine Einstellung zwischen 5 und 15 Tagen häufig angewendet und eine Trigger-Linie (z.B. ein Simple Moving Average auf den TRIX) von 9 Tagen.

Bewertung und Handelssignale

Die TRIX-Linie soll den aktuellen Trend anzeigen, reagiert aber aufgrund der Gewichtungsart träge auf Kurswechsel.

Handelssignale leiten sich aus dem Schneiden der TRIX-Linie mit der Trigger-Linie.

Kreuzt sie die Trigger-Linie von unten nach oben, generiert das ein Kaufsignal. Ein Kreuzen von oben nach unten bedeutet entsprechend ein Verkaufssignal wie in der Abbildung 4.8 auf der nächsten Seite veranschaulicht wird. [Müller 2007, S.415ff]

Beispiel

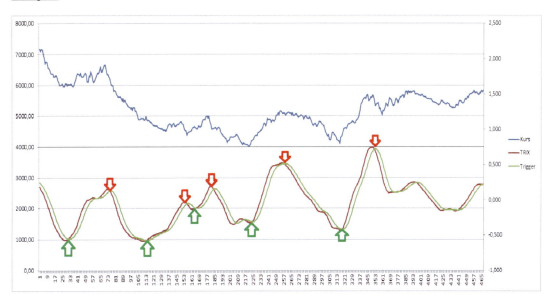

Abb. 4.8 Handelssignale des TRIX mit Trigger

Deutlich erkennbar sind die Kreuzungen von TRIX und Trigger mit daraus resultierenden Handelssignalen.

4.2.9 1-2-3-4er

Diese Handelsstrategie von Larry Connor beruht auf der Erkenntnis, dass Kurse von Aktien mit starken Trends, nach 3 Tagen Konsolidierung, sich wieder in die Trendrichtung bewegen. Eine Voraussetzung ist zunächst einmal das Vorliegen eines Trends. Connor empfahl hierfür als Prüfindikator einen 14-Tage-Average Directional Index von über 30, welcher ein Maß für die Trendstärke darstellt. Dieser Wert ist bei der gegebenen Zeitreihe nicht immer vorhanden. Allerdings lässt sich das Verhalten von Aktien auch nicht eins zu eins auf Indizes wie dem Dax übertragen. Der Indikator wird daher ohne dieses Kriterium getestet. Bei der Anwendung sind entsprechend aber trotzdem nur in Trendphasen gute Ergebnisse zu erwarten. Im Kapitel 4.3 lassen sich andere spezifische Kriterien ermitteln, die auf den Index zugeschnitten sind. [Cooper 2000, S.39ff]

Handelssignale

1-2-3-4er-Long: Kauf-Signal wenn in einem Aufwärtstrend der Kurs 3 Tage lang fällt.

1-2-3-4er Short: Verkauf-Signal wenn in Abwärtstrend der Kurs 3 Tage lang steigt.

4.3 Indikator-Modifizierung und Kombination

Im Folgenden werden Möglichkeiten beschrieben, wie bestimmte technische Indikatoren weiterentwickelt werden können. Das Ziel liegt darin, unter deren Anwendung bessere Ergebnisse zu erzielen, als wenn sie in ihren Standardversionen eingesetzt werden.

Um einen Indikator weiterzuentwickeln oder neu zu erschaffen, ist es notwendig die Eigenschaften der betreffenden Zeitreihe zu untersuchen unter Berücksichtigung der Funktionsweise des Basisindikators. Dies kann geschehen, indem einerseits der Plot der Finanzzeitreihe betrachtet und ausgewertet wird und andererseits durch verschiedene Analyseverfahren.

4.3.1 Envelopes-Modifikation

Der Erfolg dieses Indikators ist, wie in Kapitel 4.2.3 auf beschrieben, abhängig von der Art des Handels und den jeweiligen Abständen. Durch eine geeignete Wahl lässt sich auch dieser Indikator verbessern. Wird bspw. die Eigenschaft der Asymmetrie der Renditeentwicklung von Finanzzeitreihen berücksichtigt, werden bessere Ergebnisse erzielt. Weil Negativschocks stärkere Kursabschläge verursachen als positive Schocks, ist es sinnvoll den unteren Envelope anders als den oberen anzulegen. Erreicht wird dies, in dem der untere Envelope auf einem kürzeren Moving Average basiert als der obere und das Kaufsignal so geändert wird, dass nicht zu früh wieder eingestiegen wird.

Ein Kaufsignal wird ausgelöst, wenn der Kurs das untere Envelope von außen nach innen durchbricht, also als Signal für einen Trendwechsel. Das Kaufsignal gleicht hier folglich dem Kaufsignal beim Bollinger Band.

Ein Verkaufssignal entsteht, wenn der Kurs den oberen Envelope von unten nach oben durchbricht.

Hierbei muss erwähnt werden, dass diese Einstellung größere Abstände erfordert und damit auch zugleich insgesamt weniger Signale erzeugt wurden. Das auf weit weniger Handelstagen beruhende Backtesting wird dabei leider auch negativ in seiner Aussagekraft beeinflusst.

4.3.2 Momentum-Modifikation

Wie auf Seite 32 beschrieben, lässt sich die Sensibilität des Momentum-Indikators mit einem Filter beeinflussen. Eine weitere Möglichkeit besteht darin, die Handelssignale erst nach einer Bestätigung auszulösen, vergleichbar dem Kaufsignal bei der 1-2-3-4er-Modifikation. Bildet das Momentum ohne Filter die Basis, so kann festgelegt werden, dass ein Kauf- bzw. Verkaufssignal erst dann entstehen soll, wenn sich nach dem Kreuzen der Nulllinie ein weiterer Tag das Momentum in die gleiche Richtung bewegt. Mit dieser leichten Verzögerung, die ebenfalls variierbar ist, wird das Momentum desensibilisiert. Umso mehr „Bestätigungstage" verlangt werden, umso größer ist die Verzögerung und damit auch der Chancenverlust.

4.3.3 1-2-3-4er –Modifikation

Dieser Indikator basiert wie beschrieben auf der Annahme, dass nach einer bestimmten Anzahl von Tagen mit durchgehend positiven oder negativen Renditen ein Richtungswechsel einsetzt. Eine solche Sichtweise kann als Grundlage einer Kursanalyse dienen. Die Analyse kann wie bei der Untersuchung der bisherigen Indikatoren auf Basis der letzten 500 Handelstage erfolgen. Zunächst werden die verschiedenen Möglichkeiten ermittelt, welche im Kursverlauf eintreten können und mit welcher Häufigkeit sie auftreten. Zur Veranschaulichung zeigt die folgende Grafik einige Beispiele der Möglichkeiten. Im Fall 1 folgt einem Anstieg ein Abstieg oder im Fall 3- folgt drei Abstiegen wieder ein Anstieg.

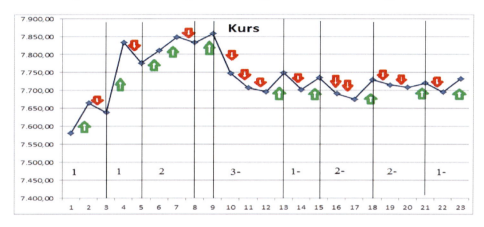

Abb. 4.9 Kursanstiegs- und Abstiegsszenarien

Mit einem Programm können verschiedenste Szenarien automatisch abgezählt werden. Dabei werden Szenarien unterschieden, denen ein Kaufsignal oder ein Verkaufssignal folgen soll. Der Abzählung folgt dann eine Analyse, wie oft das Handelssignal auftritt und auftreten könnte. Wichtiger noch, ist die Auswertung wie oft ein Signal überhaupt sinnvoll gewesen wäre. Sinnvoll wäre bspw. ein Kaufsignal, wenn in einem Szenario von drei Abstiegen, in dem am letzten Abstiegstag gekauft werden soll, nicht nur der Folgetag sondern auch der zweite Folgetag eine positive Rendite aufweist. Umso größer die Anzahl der Bestätigungsszenarien im Verhältnis zur Anzahl der signalgebenden Szenarien steht, umso erfolgversprechender ist die Anwendung eines Indikators auf dieser Basis. Ergebnis einer solchen Analyse ist zum Beispiel ein Indikator mit folgender Ausprägung:

Kaufsignal, wenn nach vier Tagen mit negativer Rendite, ein Tag mit positiver Rendite folgt.

Verkaufssignal, nach vier Tagen positiver Rendite.

Mit dieser Weiterentwicklung konnte die Rendite gegenüber dem einfachen 1-2-3-4er nahezu verdoppelt werden. Aufgrund der unterschiedlichen Häufigkeiten der Szenarien kommt es zu weit mehr Verkaufssignalen als zu Kaufsignalen. Daher wurde dieser Indikator zusätzlich mit einem Kaufsignal kombiniert, welches sich von einem 3er Simple Moving Average ableitet. Hierdurch lässt sich das Ergebnis noch weiter steigern. Analog zum 1-2-3-4er soll der ermittelte Indikator als „1-2-3-4-5er Buy to SMA3" bezeichnet werden. Wie die anderen Indikatoren muss er sich noch im Back-Testing beweisen.

4.3.4 Signal-Kombination von Crossing Moving Average und Bollinger Band

In dieser Kombination werden die Signale beider Indikatoren verwendet. Dabei wird ein End-Signal ausgelöst, sobald einer von beiden ein Signal auslöst. Wenn beide Indikatoren zum gleichen Zeitpunkt ein gegensätzliches Signal liefern, wird kein Endsignal generiert, bzw. die aktuelle Position (Cash oder Investiert) beibehalten. Als Beispiel wird das Kreuzen von 15er und 30er Moving Average und das Bollinger Band mit 2,1-facher Standardabweichung verwendet.

4.3.5 Indikator-Kombination mit Mindest-Signalanzahl

Die bisherigen Indikator-Modifikationen entstanden teilweise durch die Integration anderer Indikatoren, was folglich eine indirekte Indikatorkombination darstellt. Eine Kombination mehrerer Indikatoren kann aber auch darin liegen, indem festgelegt wird, dass mindestens eine bestimmte Anzahl ausgewählter Indikatoren das gleiche Signal innerhalb eines bestimmten kurzen Zeitraumes liefern muss. Im Test-Beispiel müssen mindestens zwei von neun ausgewählten Indikatoren am gleichen Tag ein Kaufsignal generieren, bevor es zur Orderauslösung kommt. Ausgewählt wurden hierfür, folgende Indikatoren: Simple Moving Average der Länge 3, Crossing von 15er und 30er SMA, Bollinger Band mit 2-facher Standardabweichung, Envelopes mit Abständen von 3 Prozent, 25er Momentum, 1-2-3-4er, Relative Strength Index der Länge 14, Williams %R und der TRIX.

4.3.6 Stop-Loss-Funktionen

Stop-Loss-Funktionen haben, wie der Name sagt, die Aufgabe Verluste zu begrenzen. Dies kann durch verschiedene Möglichkeiten geschehen.

1. Variante: Erhalt des Startkapitals

   Das kann erreicht werden, indem ein weiteres Verkaufssignal eingefügt wird, welches dann zur Auslösung kommt, wenn der Depotwert bezüglich der Einzelinvestition unter den Startwert fällt. Somit wird bei der erstmaligen Auslösung eine Art Notbremse betätigt.

2. Variante: Gewinnabsicherung

   Gewöhnlich wird dies durch zusätzliche Orders erbracht. Dabei wird im Vorfeld eine meist grafische Analyse durchgeführt, bei der sogenannte Unterstützungsbereiche ermittelt werden wie in Abbildung 4.10 skizziert ist. Genauso können Kurstiefpunkte eines bestimmten Zeitraumes verwendet werden. Durchbricht ein Kurs diesen Bereich bzw. den gesetzten Stopp-Kurs nach unten, wird die Verkaufsorder ausgelöst.

Werden diese Orders als Kombination zu Indikatoren innerhalb automatischer Handelssysteme eingebaut, kann dies aber auch zu einigen Nachteilen führen. Diese Nachteile wirken sich unterschiedlich stark aus, je nachdem welche Kursdatenfrequenz zugrunde liegt, also ob im Minutentakt, Stundentakt usw. die Kurse einfließen.

Da ja stets erst eine festgelegte Schwelle unterschritten werden muss, kommt es bei jedem Verkauf zu vorläufig kleinsten Verlusten. Liegt dem Handelssystem ein Indikator mit hoher Periodenlänge zugrunde, so muss voraussichtlich länger auf das nächste Kaufsignal gewartet werden. Hier könnten öfters Aufwärtstrends verpasst werden nur wegen eines kurzen Kursrücksetzers, gerade im Einsatz der ersten Variante.

Wird ein sehr kurzfristiger Indikator verwendet und ist die Stopp-Loss-Funktion ungünstig darauf abgestimmt, können sich durch häufige Orderausführungen die kleinen Verluste schnell zu großen Verlusten kumulieren. Tragend werden diese Nachteile vor allen bei der Reinvest-Strategie, wo mit einer Order immer die komplette Position geschlossen wird.

Theoretisch könnten die Indikatoren mit Stop-Loss-Funktionen der 1. Variante ohne weiteres kombiniert werden. Aufgrund der erwähnten Nachteile und da Stop-Loss-Funktionen eigentlich nicht zu den Indikatoren zählen, sollen diese auch nicht untersucht werden.

In der Praxis wird aus den genannten Gründen die Ermittlung der Stopp-Kurse überwiegend manuell und grafisch vorgenommen. Eine automatisierte grafische Analyse, ist wegen ihrer aufwändigen Programmierung daher nur in ausgewählter Software enthalten. Nur diese Variante könnte ansatzweise als Indikator interpretiert werden.

Abb.4.10 Beispiele für Unterstützungs-, Widerstands- und Trendlinien am DAX

5. Modell-Anpassung und Simulation der Finanzzeitreihen

5.1 Modellauswahl

Die Grundlage für die Untersuchungen bildet die folgende DAX-Zeitreihe mit 500 Handelstagen in Abbildung 5.1 und den daraus gebildeten Log-Returns, welche in Abbildung 5.2 gezeigt werden. An die Zeitreihe der Log-Returns werden die verschiedenen, zur Auswahl vorgesehenen Modelle angepasst. Zum Einsatz kommen dabei GARCH und ARMA-GARCH Modelle unterschiedlicher Parameteranzahlen.

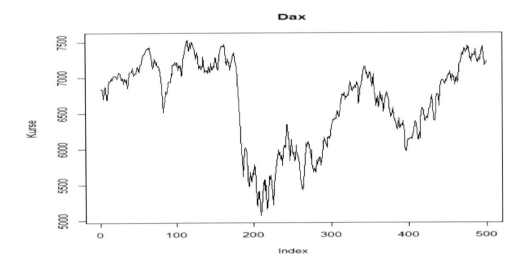

Abb. 5.1 Chart der DAX-Entwicklung vom 18.11.2010-26.10.2012.

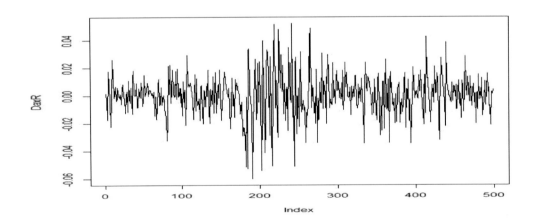

Abb. 5.2 Log-Returns der DAX-Zeitreihe

Aus den Anpassungen wurden 2 Modelle ausgewählt. Dafür wurde zunächst eine Gruppe von Modellen nach dem Kriterium der kleinsten AIC-Werte gewählt und dann innerhalb der Gruppe nach dem höchsten Anteil signifikanter Parameter. Der BIC-Wert diente zusätzlich als Vergleichsgröße.

Das GARCH (1,1)-Modell:

$$r_t = \varepsilon_t \quad \varepsilon_t = \sigma_t \cdot z_t \quad mit\ z_t \sim N(0,1)\ und\ \sigma_t^2 = \alpha_0 + \alpha_1 \cdot \varepsilon_{t-1}^2 + \beta_1 \cdot \sigma_{t-1}^2$$

Mit den Parametern: $\alpha_0 = 4{,}6190E - 06$, $\alpha_1 = 9{,}3029E - 02$ und $\beta_1 = 8{,}8659E\text{-}01$

AIC: 5,710575   BIC: 5,676807

Das ARMA(3,3)-GARCH(1,1)-Modell:

$$r_t = v + \alpha_1 \cdot X_{t-1} + \alpha_2 \cdot X_{t-2} + \alpha_3 \cdot X_{t-3} + \beta_1 \cdot \varepsilon_{t-1} + \beta_2 \cdot \varepsilon_{t-2} + \beta_3 \cdot \varepsilon_{t-3} + \varepsilon_t$$

$$\varepsilon_t = \sigma_t \cdot z_t \quad mit\ z_t \sim N(0,1)\ und$$

$$\sigma_t = \sqrt{\alpha_{G0} + \alpha_{G1} \cdot \varepsilon_{t-1}^2 + \beta_{G1} \cdot \sigma_{t-1}^2}$$

Mit den Parametern:

für das ARMA-Modell:

$v = 4{,}8530E - 04$; $\alpha_1 = -5{,}3920E - 01$; $\alpha_2 = 1{,}6520E - 01$; $\alpha_3 = 5{,}7780E - 01$

$\beta_1 = 5{,}8940E - 01$; $\beta_2 = -1{,}8690E - 01$; $\beta_3 = -6{,}6630E - 01$

Und für den GARCH-Teil:

$\alpha_{G0} = 4{,}4720E - 06$; $\alpha_{G1} = 9{,}8700E - 02$; $\beta_{G1} = 8{,}8200E - 01$

AIC: 5,705850   BIC: 5,621430

(Im Programm R stellt beim ARMA-GARCH-Modell der Parameter mu den Parameter v dar, während beim reinen GARCH-Modell mu den Mittelwert mean darstellt. Parameter anderer Modelle befinden sich im Anhang)

5.2 Simulation

Auf Basis dieser Modelle, mit jeweiliger Parametrisierung, wurden die Finanzzeitreihen simuliert. Die simulierten Log-Returns wurden anschließend wieder in Kurse transformiert. Diese Kurse bilden die unterschiedlichsten Marktlagen ab. Damit konnte der Maßgabe Sorge getragen werden, dass die Indikatoren darauf untersucht werden sollten, ob sie einzeln universell einsetzbar sind. In den Schritten 15-, 20-, 25-, 30-, 50 Zeitreihen ergab sich, dass erst ab 50 Simulationen pro Modell aussagefähige Ergebnisse bezüglich bestimmter Kriterien erzielt werden konnten. An diesen 50 Kursen der jeweiligen Modelle wurden alle Indikatoren getestet.

5.3 Untersuchungsablauf und Vergleichsbildung

Als Handelsstrategie wurde die Reinvest-Strategie ausgewählt, welche ein Depot mit einheitlichem Startwert anwendet. Dabei gibt es zwei Zustände, entweder ist das Kapital komplett im Cash-Bereich oder komplett investiert. Bezüglich der Haltedauer der Positionen im Bereich von wenigen Tagen bis zu mehreren Monaten kann von Swing-Trading gesprochen werden. Mit einer Durchschnittsbildung über alle 50 Zeitreihen und die jeweiligen Depotentwicklungen hinweg, werden für jeden Indikator sogenannte Equity-Kurven erzeugt. Diese verdeutlichen die durchschnittliche Wertentwicklung des Depots im Vergleich zur durchschnittlichen Kursentwicklung.

Der Indikatortest startet zu einem Zeitpunkt, zu dem jeder der betrachteten Indikatoren das erste Signal liefern kann. Dadurch ist der Testzeitraum für alle gleich und die Einlaufzeit ausgefiltert.

Um eine Vergleichsbasis zu schaffen, werden die Indikatoren noch an anderen Indizes getestet. Dies geschieht aus der Annahme heraus, dass die zugrunde gelegte DAX-Zeitreihe starke und globale makroökonomische Einflüsse hat, welche sich gleichzeitig auch auf andere Indizes auswirken. Ausgewählt wurden dazu Indizes mit unterschiedlich starken Korrelationen. Das soll eine Klärung ermöglichen, ob die Modelle und deren Simulationen in der Lage sind derartige Zeitreihen annähernd konform abzubilden. Die Indikatoren sollten bei Modell, Originalzeitreihe und im Durchschnitt der Indizes vergleichbare Ergebnisse liefern.

Folgende Indizes sollen die angesprochene Vergleichsbasis bilden:

Tec-DAX

Zusammenfassung der 30 größten Unternehmen im Technologiebereich, welche abhängig von der Marktkapitalisierung und Börsenumsatz den Werten in der DAX-Liste folgen und gleichzeitig im Prime Standard gelistet sind.

MDAX

Index der 50 mittelgroßen Unternehmen klassischer Bereiche, welche abhängig von der Marktkapitalisierung und Börsenumsatz den Werten in der DAX-Liste folgen und gleichzeitig im Prime Standard gelistet sind.

S-DAX

Index der 50 kleineren Unternehmen klassischer Bereiche, welche abhängig von der Marktkapitalisierung und Börsenumsatz den Werten in der MDAX-Liste folgen und gleichzeitig im Prime Standard gelistet sind.

Dow Jones EuroStoxx50

Zusammenfassung der 50 größten börsengelisteten Unternehmen der Eurozone, gewichtet nach der Marktkapitalisierung der Aktien in Streubesitz.

FTSE 100

Der Financial Times Stock Exchange listet die 100 größten Unternehmen Großbritanniens an der Börse von London und ist zugleich ein Leitindex.

IBEX 35 (Iberia Index)

Dieser Leitindex Spaniens beinhaltet die 35 größten, börsennotierten Unternehmen, gewichtet nach der Marktkapitalisierung der Aktien in Streubesitz. Der IBEX 35 ist allerdings ein Preisindex und ist so ein Abbild des Kursdurchschnitts der enthaltenen Aktien.

S&P 500

Ein von Standard & Poor´s herausgegebener Kurs-Index der 500 größten an der Börse notierten US-Unternehmen. Durch die hohe Zahl der enthaltenen Werte spiegelt dieser Index die Lage des Aktienmarktes in den USA wider. Die Werte sind nach ihrer Marktkapitalisierung gewichtet.

Dow Jones 30 Industrial

Er listet die wichtigsten Unternehmen der US-Börse, wobei die Gewichtung nicht nach der Marktkapitalisierung erfolgt sondern nach den Preisen der Aktien.

Nikkei 225

Dieser, ebenfalls nach den Preisen gewichtete Index der Tokioter Börse listet die 225 bedeutendsten Unternehmen Japans auf und ist vergleichbar des S&P 500 ein Spiegelbild des Aktienmarktes von Japan.

BSE SENSEX

Der Sensitivity Index der Börse von Bombay ist deren wichtigster Index und beinhaltet 30 Unternehmen, gewichtet nach deren Marktkapitalisierung.

6. Anwendung und Auswertung der Indikatoren für den Betrachtungszeitraum

Die Auswertung erfolgt über mehrere Stufen und Betrachtungsweisen. Im ersten Schritt werden die beschriebenen Equity-Kurven für die Modelle, der DAX-Zeitreihe und den Indizes grafisch dargestellt. Das Augenmerk sollte dabei weniger auf die Form der Entwicklung, sondern vielmehr auf den Unterschied zwischen Depot- und Kurs-Entwicklung gelegt werden. Um die Vergleichbarkeit zu erhöhen, werden die Entwicklungen der relativen Rendite in Bezug auf den Startwert dargestellt. Im 2. Schritt erfolgt ein Abgleich nach der Rendite und Überrendite sowie dem Kriterium der Positiven Rendite bei gleichzeitiger Überrendite. Die Auswertung der Standard-Indikatoren soll im 2. Schritt getrennt von den Weiterentwicklungen erfolgen.

6.1 Equity-Kurven der Standard-Indikatoren

In den Grafiken sind jeweils die Entwicklungen des Erfolges eines indikatorbasierten Handelssystems sowie die Entwicklungen der Basiswerte enthalten. Als erfolgreich kann ein Indikator gelten, wenn sich dessen Kurve durchweg im positiven Bereich befindet und eine Überrendite erzeugt. Eindeutig wird der Erfolg dann, wenn sich die Kurve des Indikators im Zeitablauf von der des Basiswertes immer weiter nach oben hin entfernt. Der Indikator sollte sich vor allem bei den Real-Zeitreihen beweisen, da die Simulationen eigentlich nur der Überprüfung bezüglich der Self-Fulfilling Prophecy dienen.

Die folgenden Grafiken zu den Modellen zeigen jeweils die durchschnittliche relative Kursentwicklung der Simulationen im Vergleich mit der dazugehörigen durchschnittlichen relativen Depotwertentwicklung. Bei den Indizes wird deren durchschnittliche relative Entwicklung herangezogen. Da der DAX eine einzelne Zeitreihe ist bzw. selbst schon einen Durchschnitt der in ihm enthaltenen Kurswerte darstellt, existiert hier auch bei der relativen Depotwertentwicklung kein Durchschnitt.

6.1.1 Simple Moving Averages

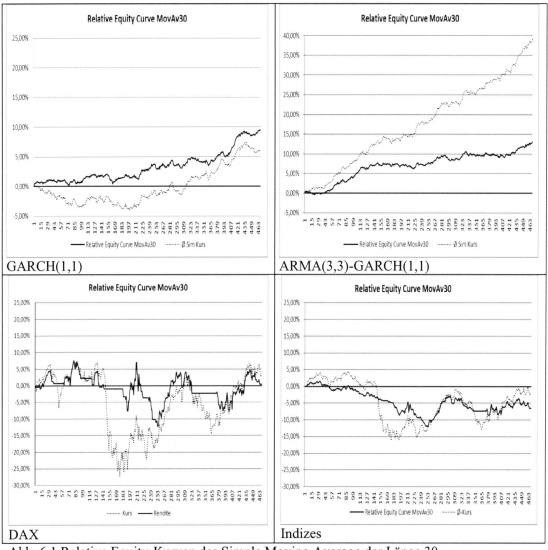

Abb. 6.1 Relative Equity-Kurven des Simple Moving Average der Länge 30

Der Simple Moving Average zeigt in dieser Einstellung kaum Erfolg. Hier deckt sich das Ergebnis bei der DAX-Zeitreihe auch mit denen bei der Anwendung auf die verschiedenen Indizes. Zwischenzeitlich kann zwar eine Überrendite erzeugt werden, diese wird jedoch in Folge durch Fehlsignale wieder vernichtet. Allein bei der GARCH-Simulation kann eine geringe Überrendite erbracht werden. Wobei sich auch dort das Verhalten, einer starken Abnahme zum Laufzeitende hin, abzeichnet. Für das ARMA-GARCH-Modell sei erwähnt, dass es bei der Simulation im Durchschnitt zu einer starken Renditeentwicklung kommt, welche durch einen darauf angelegten Indikator kaum zu schlagen ist.

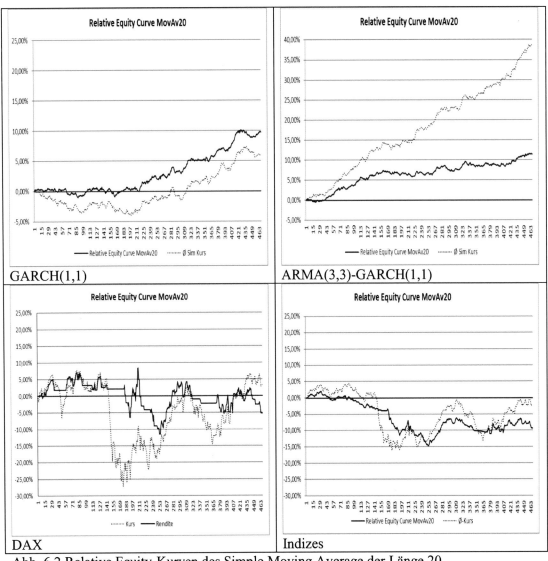

Abb. 6.2 Relative Equity-Kurven des Simple Moving Average der Länge 20

Auch in dieser Einstellung kann der Indikator keine Überrendite verzeichnen und zeigt ein ähnliches Bild wie jener der Länge 30. Bei den Indizes überwiegt sogar eine negative Rendite gegenüber den Basiswerten. Bei der GARCH-Simulation wird zwar zunächst eine Überrendite generiert, kann jedoch nicht weiter ausgebaut werden bzw. nimmt sie wieder ab.

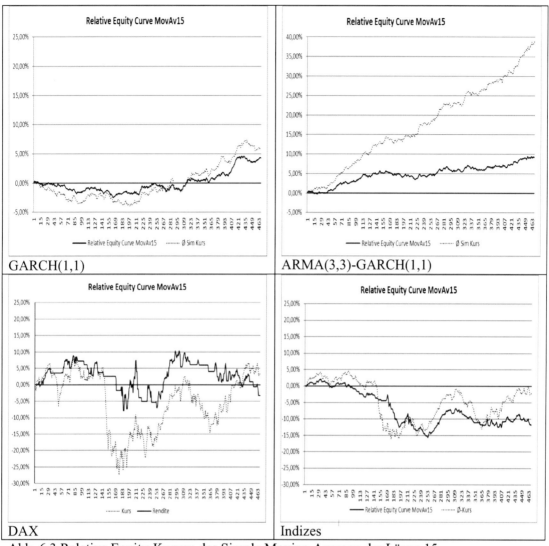

Abb. 6.3 Relative Equity-Kurven des Simple Moving Average der Länge 15

Eine Verkürzung auf die Länge 15 bringt ebenfalls keine deutliche Verbesserung. Bei der Originalzeitreihe können zwar immer wieder Überrenditen erzeugt werden, diese werden durch Fehlsignale in den letzten Handelstagen jedoch mehr als aufgezehrt. Der Einsatz bei der ARMA-GARCH-Simulation und den Indizes führte zu einer Verschlechterung gegenüber den bisherigen Einstellungen.

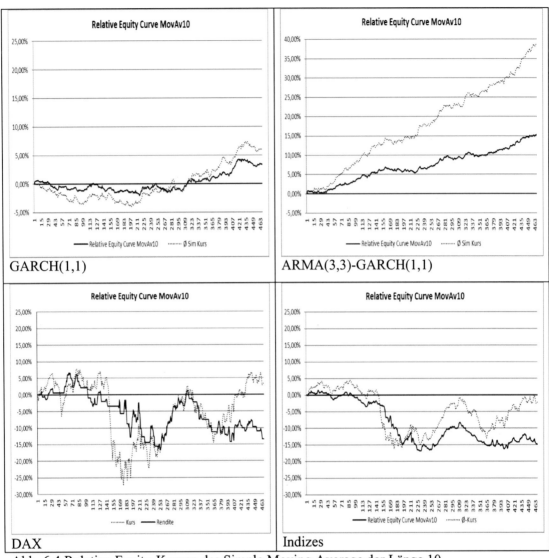

Abb. 6.4 Relative Equity-Kurven des Simple Moving Average der Länge 10

Während zwar für die ARMA-GARCH-Simulation eine deutliche Rendite-Verbesserung zu erkennen ist, erweist sich eine Länge von 10 insgesamt als bislang schlechteste Einstellung dieses Indikators unter den getesteten Einstellungen. Das wird vor allem bei der DAX-Zeitreihe und den Indizes deutlich, wo der relative Depotwert sichtbar stark ins Minus geht und sich sogar noch schlechter entwickelt als der Basiswert.

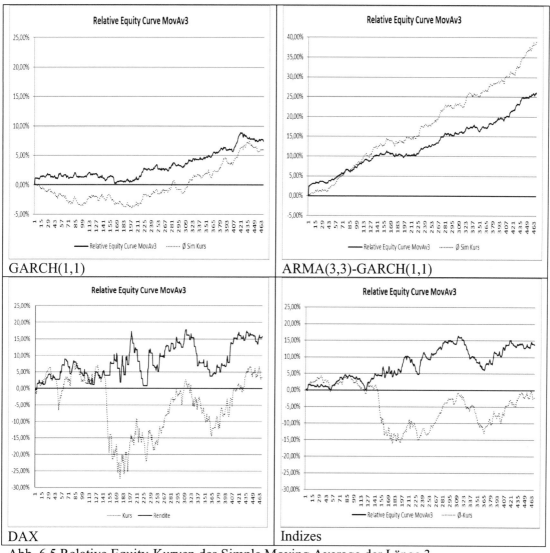

Abb. 6.5 Relative Equity-Kurven des Simple Moving Average der Länge 3

Als weitaus vielversprechender zeigt sich diese Einstellung. Gerade bei den Indizes und der ARMA-GARCH-Simulation treten starke Verbesserungen der Ergebnisse ein. Das Ergebnis der bei der GARCH-Simulation erzielten Werte ist vergleichbar mit dem der Einstellung der Länge 30. An der DAX-Zeitreihe wird nahezu durchgehend eine positive sowie eine Überrendite generiert. Offensichtlich ist diese sehr kurzfristige Einstellung besser an die Eigenschaften der jeweiligen Finanzzeitreihen angepasst.

6.1.2 Crossing Moving Averages

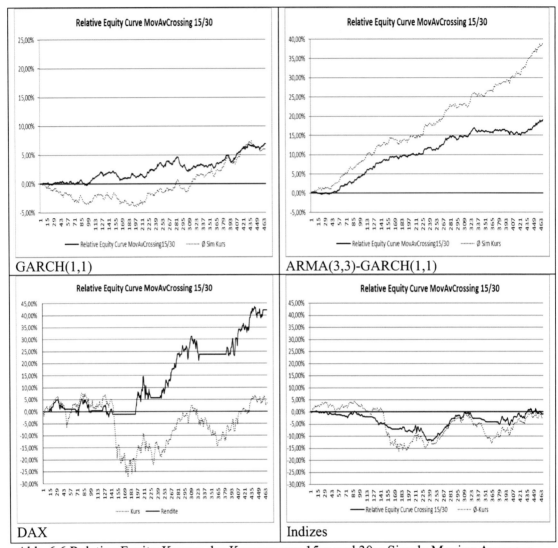

Abb. 6.6 Relative Equity-Kurven des Kreuzen von 15er und 30er Simple Moving Averages

Für die Originalzeitreihe, dem DAX, erweist sich dieser Indikator als sehr erfolgreich. Gerade das frühzeitige Aussteigen aus Abwärtstrends und das Mitnehmen von Aufwärtstrends sind dafür maßgeblich. Bei den Indizes hingegen, kann im Durchschnitt weder eine positive noch eine Überrendite erbracht werden. Die Anwendung auf die Simulationen führt zu gemischten Ergebnissen, sie nähern sich eher den Ergebnissen des Simple Moving Average der Länge 3. So verliert sich die anfangs erzielte Überperformance beim GARCH-Model zum Ende des Betrachtungszeitraums gänzlich, wo beim 3er SMA noch eine geringe Überrendite verblieb.

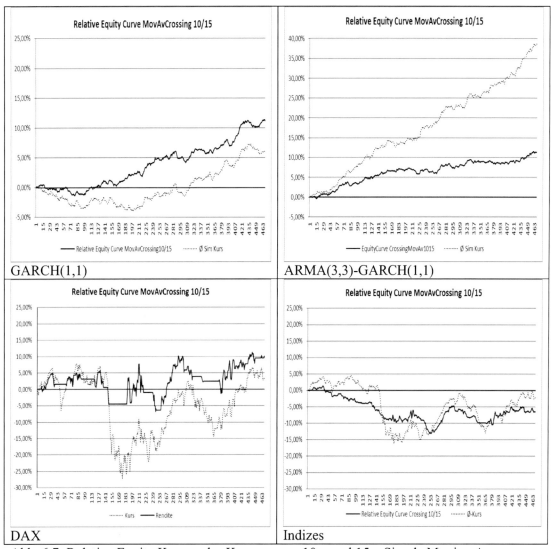

Abb. 6.7 Relative Equity Kurven des Kreuzen von 10er und 15er Simple Moving Averages

Das Kreuzen der Moving Averages dieser Länge erweist sich als weniger erfolgreich als in der Vorgängervariante. Dies wird deutlich beim Vergleich der Anwendungen auf den DAX, den Indizes und der ARMA-GARCH-Simulation. Nur beim GARCH-Modell wird eine Verbesserung sichtbar.

6.1.3 Exponential Moving Average

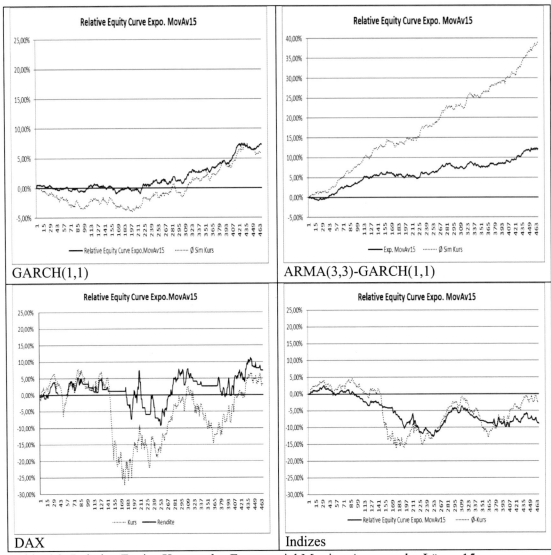

Abb. 6.8 Relative Equity-Kurven des Exponential Moving Average der Länge 15

Die Anwendung dieses Indikators bringt, wie Abbildung 6.8 zeigt keine besonderen Vorteile. So führt sie bei den Indizes eher zu einer negativen Rendite. Es sei aber darauf hingewiesen, dass hier nur eine Einstellung getestet wurde. Für andere Einstellungen sind daher wie beim Simple Moving Average durchaus bessere Ergebnisse zu erwarten.

6.1.4 Bollinger Band

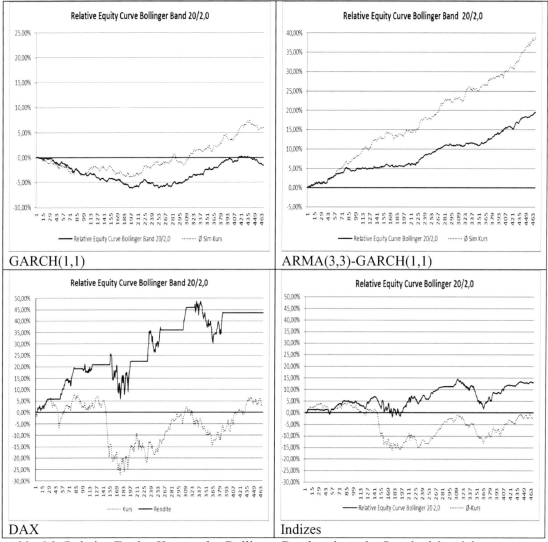

Abb. 6.9 Relative Equity-Kurven des Bollinger Bandes, doppelte Standardabweichung

Das Bollinger Band kann gerade bei den Real-Zeitreihen sehr gute Ergebnisse erzielen, da schon zu Beginn der Zeitreihen Überrenditen entstehen. Bei den Indizes kann der Gewinn, nach Ablauf der Hälfte der Handelstage, allerdings nicht weiter ausgebaut werden. Auffallend ist die negative Entwicklung bei der GARCH-Simulation. Gründe dafür werden im Kapitel 6.3 erläutert.

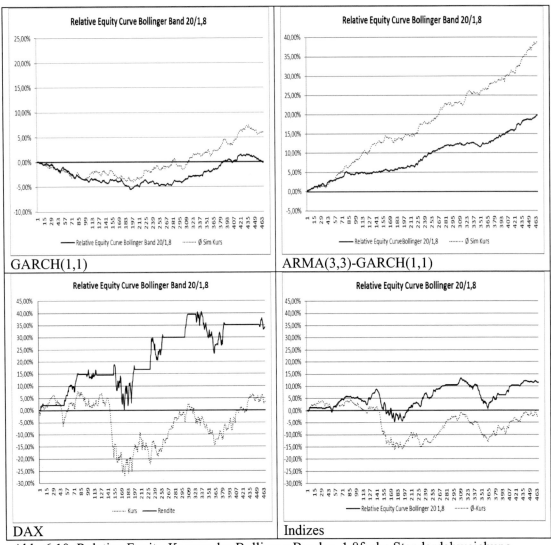

Abb. 6.10 Relative Equity-Kurven des Bollinger Bandes, 1,8fache Standardabweichung

Unter Verwendung des genannten Abstandes entstehen vergleichbare Erfolge wie bei der doppelten Standardabweichung. Im Vergleich zu den Kurvenverläufen des Crossing Moving Average 15/30, reagieren die Bollinger Bänder erst später auf starke Abwärtstrends in den Real-Zeitreihen.

6.1.5 Envelopes

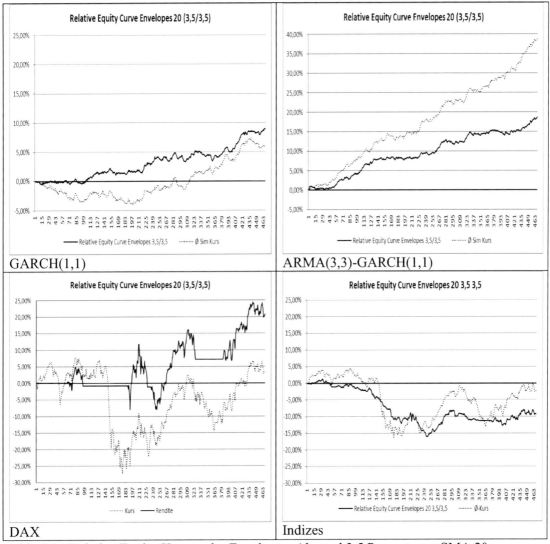

Abb. 6.11 Relative Equity-Kurven der Envelopes, Abstand 3,5 Prozent zum SMA 20

Die Envelopes erbringen zumindest bei der DAX-Zeitreihe eine deutliche Überrendite. Allerdings gab es auch Phasen, in denen ein Verlust erwirtschaftet wurde. Wie die Grafik 6.11 zeigt, war der Einsatz bei den Indizes fast durchgehend von Verlusten geprägt.

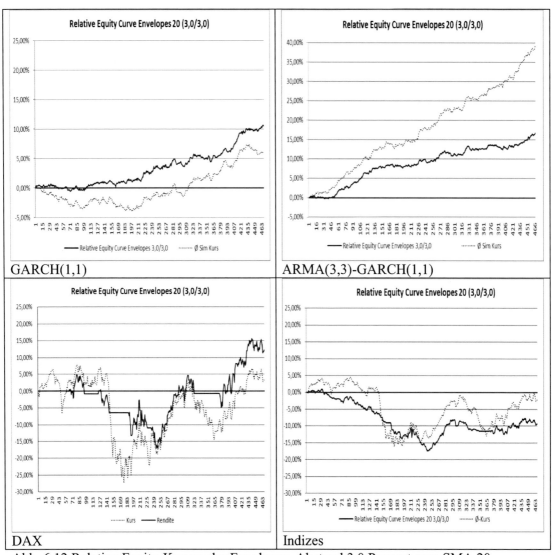

Abb. 6.12 Relative Equity-Kurven der Envelopes, Abstand 3,0 Prozent zum SMA 20

Der geringere Abstand führt anhand der Equity-Kurven offenbar zu schlechteren Ergebnissen. Ein Grund dafür ist, dass durch das engere Envelope-Band mehr Signale generiert werden, unter welchen sich mehr Fehlsignale befinden. Insbesondere bei den Indizes ist dieses Verhalten zu beobachten.

6.1.6 Momentum

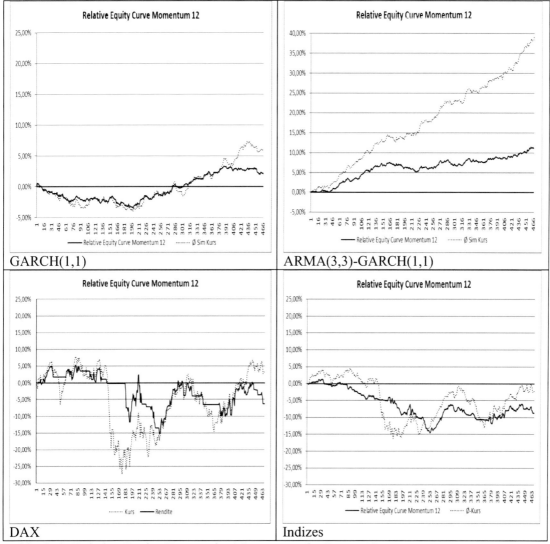

Abb. 6.13 Relative Equity-Kurven des Momentum der Länge 12

Der Momentum-Indikator konnte weder bei den Realzeitreihen noch bei den Simulationen eine Überrendite erzielen. Es ist hier wie bei anderen bisher aufgeführten Indikatoren von einer Vielzahl von Fehlsignalen auszugehen.

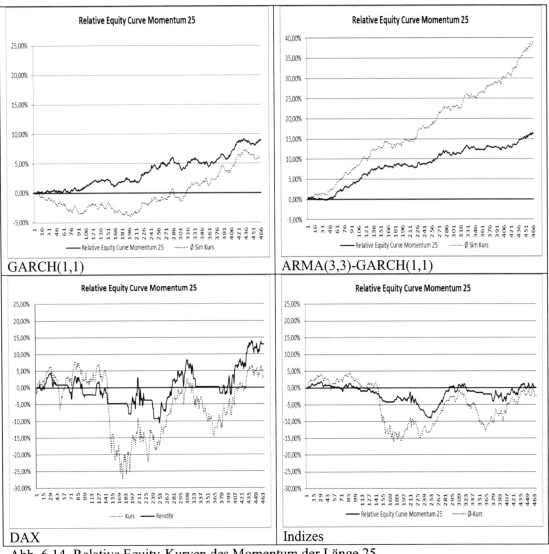

Abb. 6.14 Relative Equity-Kurven des Momentum der Länge 25

Eine Erhöhung der Länge bringt zwar eine deutliche Verbesserung, doch bei den Indizes werden immer noch überwiegend Verluste erzeugt. Beim DAX kann erst gegen Ende des angelegten Zeitraumes von einem guten Ergebnis gesprochen werden. Das schwache Ergebnis des Momentum liegt unter anderem daran, dass es ein auf Seitwärtsphasen gerichteter Oszillator ist, die Kurse aber von starken Trends dominiert werden. Ein Erfolg ist daher bei der GARCH-Simulation zu finden wie das Beispiel zeigt.

6.1.7 Relative Strength Index

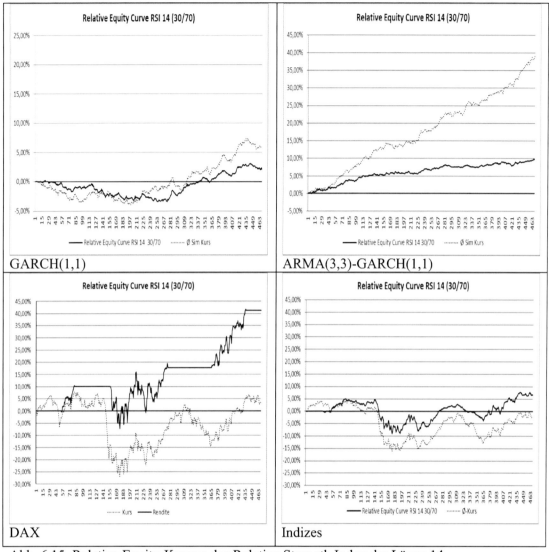

Abb. 6.15 Relative Equity-Kurven des Relative Strength Index der Länge 14

Dieser Indikator ist in der Lage, zumindest beim DAX, schon früh eine Überrendite zu erzielen und die Verluste zu begrenzen. Insgesamt wird für die DAX-Zeitreihe ein sehr gutes Endergebnis erzeugt. Eine Anwendung auf die Indizes führt im Durchschnitt zwar ebenfalls zu einer Überrendite, jedoch bewegt sich der Depotwert hier sehr häufig in der Verlustzone. Bei den Simulationen ist der Indikator nicht erfolgreich.

6.1.8 Williams %R

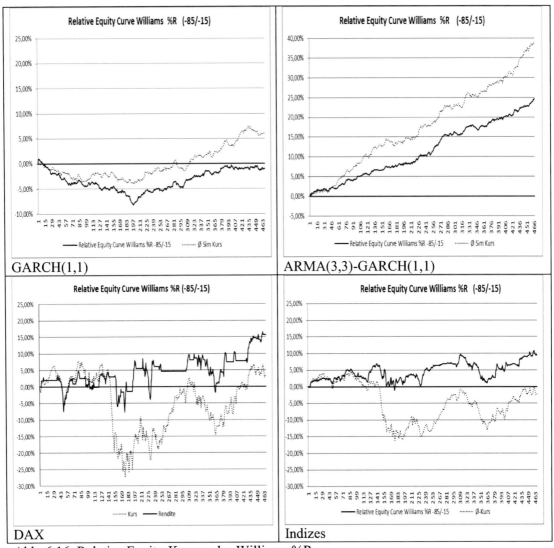

Abb. 6.16 Relative Equity-Kurven des Williams %R

Der Williams %R erwirtschaftet ähnlich wie der RSI erst auf langfristige Sicht gute Ergebnisse. Eine stetige Verlustbegrenzung zeigt sich bei den Indizes. Zudem wird überwiegend eine Überrendite geschaffen. Ein differenziertes Bild ergibt sich bei den Simulationen. Während sich für die ARMA-GARCH-Simulation eine Verbesserung gegenüber anderen Indikatoren abzeichnet, tritt für die GARCH-Simulation eine Ergebnis-Verschlechterung ein.

6.1.9 TRIX

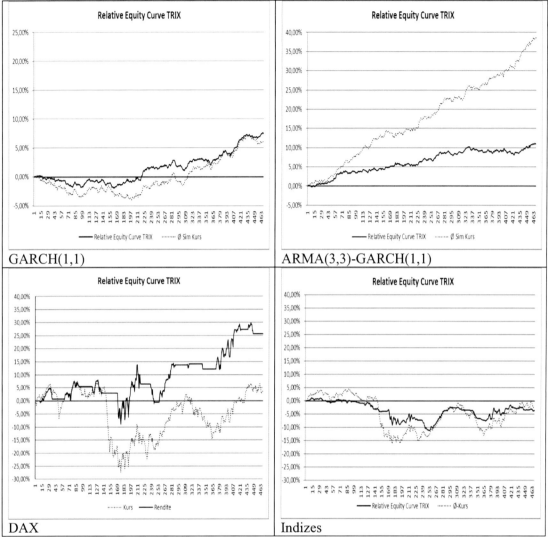

Abb. 6.17 Relative Equity-Kurven des TRIX auf Basis des Expo. Moving Average 15 und einem 9-Tage-Trigger

Obwohl sich für die DAX-Zeitreihe ein gutes Resultat ergab, konnte in den abgeleiteten Simulationen sowie bei den Indizes kein Erfolg verzeichnet werden. Entscheidend ist aber wie bereits erwähnt, das Ergebnis bei der Originalzeitreihe dem DAX, welches gut ausgefallen ist.

6.1.10 1-2-3-4er

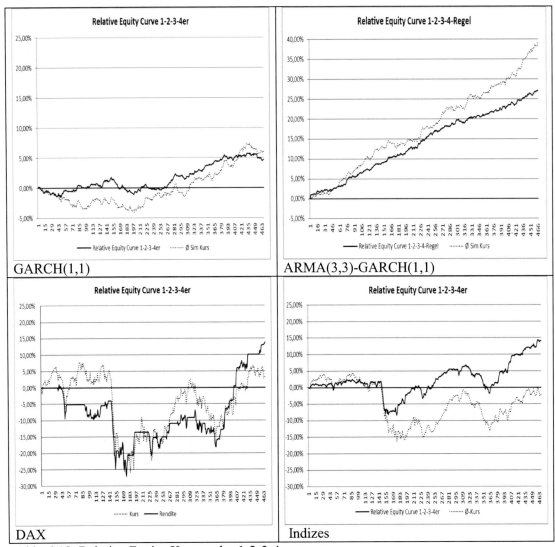

Abb. 6.18 Relative Equity-Kurven des 1-2-3-4er

Während der 1-2-3-4er bei der DAX-Zeitreihe nur im letzten Zeitabschnitt eine Überrendite erbringt, geschieht dies bei den Indizes viel früher. Allerdings wird der positive Rendite-Bereich auch bei den Indizes erst im letzten Abschnitt erreicht und gefestigt. Beachtlich ist die starke Annäherung der Renditeentwicklung an jene der ARMA-GARCH-Simulation.

6.2 Equity Kurven der Indikator-Modifikationen und Kombinationen

6.2.1 Envelopes-Modifikation

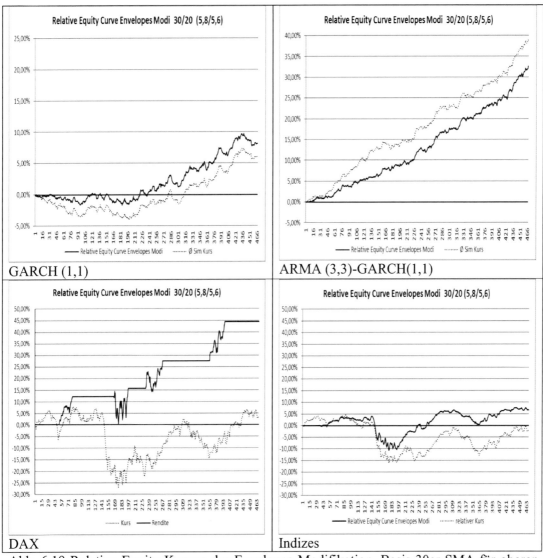

Abb. 6.19 Relative Equity-Kurven der Envelopes-Modifikation, Basis 30er SMA für oberen und 20 SMA für untere Envelope

Vor allem die Renditeentwicklung im Einsatz auf den DAX und die deutliche Verbesserung bei der ARMA-GARCH-Simulation zeigen den Vorteil gegenüber den Standard-Envelopes. Auffällig sind bei der DAX-Zeitreihe die langen Haltedauern im Cash-Bereich. Dabei werden Abwärtstrends fast immer abgekoppelt und Aufwärtstrends überwiegend mitgenommen. Bei der GARCH-Simulation wird die anfänglich erzielte Überrendite bis zum Laufzeitende nahezu konstant gehalten.

6.2.2 Momentum-Modifikation

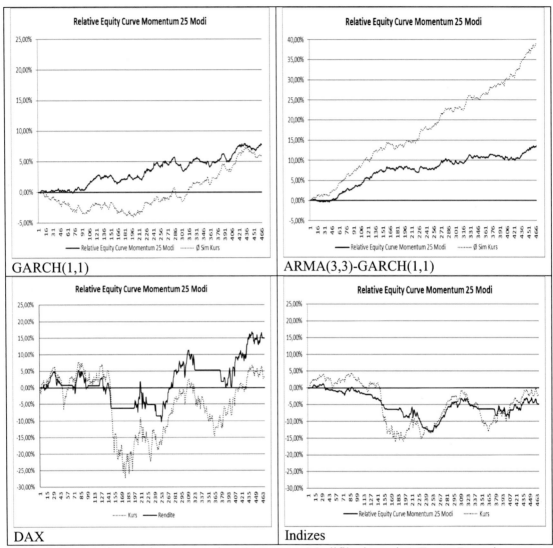

Abb. 6.20 Relative Equity-Kurven der Momentum-Modifikation mit 1-Tages-Bestätigung

Die Modifikation durch das Bestätigungssignal, bringt wie ersichtlich keine Vorteile gegenüber der Standard-Version. Während beim DAX gegen Laufzeitende noch ein gutes Ergebnis erbracht wird, ergibt sich für die Indizes wie bisher ein verlustreiches Bild.

6.2.3 1-2-3-4er Modifikation

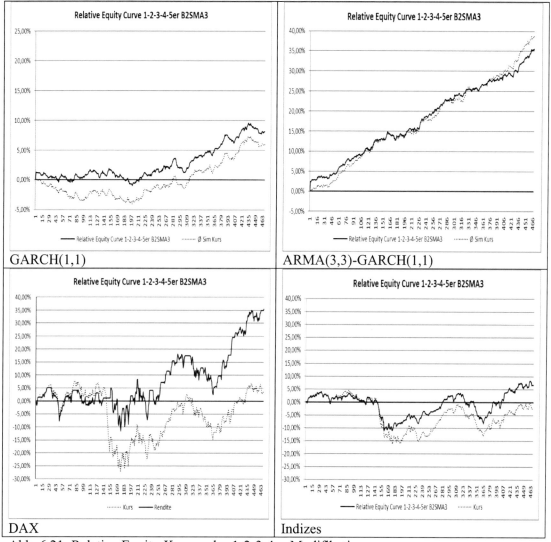

Abb. 6.21 Relative Equity-Kurven des 1-2-3-4er-Modifikation

Schon bei der Anwendung auf die ARMA-GARCH-Simulation zeigt sich die Güte des Indikators, wo sogar kurzzeitig immer wieder Überrenditen erbracht werden können. Obwohl beim DAX erst in der Mitte der Laufzeit eine positive Rendite gefestigt werden kann, wird die Überrendite in kurzer Zeit stark ausgebaut. Es sei darauf hingewiesen, dass der Indikator auf der Analyse der DAX-Zeitreihe beruht. Daher war ein Erfolg bei den Indizes nicht zu erwarten, was sich in überwiegenden Verlustphasen trotz der Überrendite zeigt.

6.2.4 Signal-Kombination von Crossing Moving Average und Bollinger Band

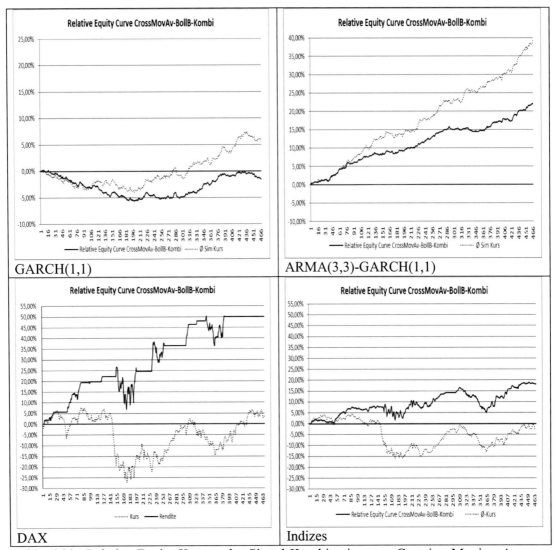

Abb. 6.22 Relative Equity-Kurven der Signal-Kombination von Crossing Moving Average und Bollinger Band

Bei den Realzeitreihen werden deutliche Gewinne erzielt, trotz dass teilweise nicht alle Abwärtsphasen entkoppelt werden konnten. Mit der Rendite-Entwicklung bei der GARCH-Simulation konnte der Indikator allerdings nicht mithalten. In Bezug auf das ARMA-GARCH-Modell ist die Performance dieser Indikatorkombination jedoch nur durchschnittlich.

6.2.5 Indikatoren-Kombination über Mindest-Signalanzahl

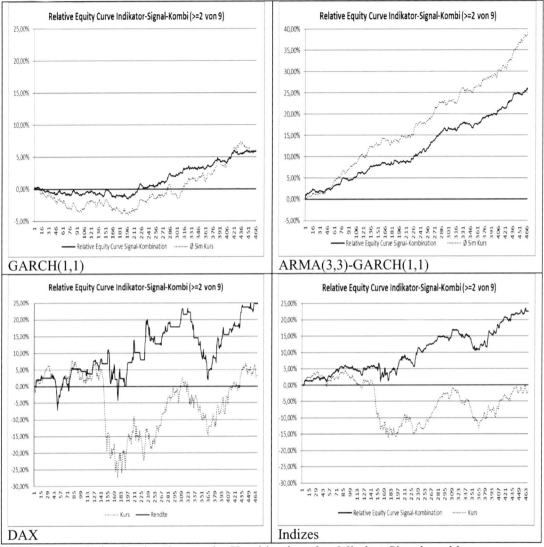

Abb. 6.23 Relative Equity-Kurven der Kombination über Mindest-Signalanzahl

Diese Kombination von Indikatorsignalen bringt bei den Indizes das beste Ergebnis unter den getesteten Indikatoren hervor. Wie die Grafik 6.23 zeigt, befindet sich der Depotwert im Durchschnitt keinmal in der Verlustzone und schafft eine gute Überrendite. Die Anwendung auf die Originalzeitreihe erzeugt zwar eine Überrendite kommt aber erst in der zweiten Hälfte der Laufzeit zu einer dauerhaft positiven Rendite. Grund sind verpasste Ausstiege aus Abwärtstrends. Für die ARMA-GARCH-Simulation ergab sich ebenfalls eine gute Annäherung.

6.3 Ergebnisse der Standard-Indikatoren in Zahlen

Gesamt-Rendite

Indikator	GARCH ∅	ARMA-GARCH ∅	DAX	INDIZES ∅
MovAv 30	9,44%	13,05%	0,40%	-6,61%
MovAv 20	9,72%	11,44%	-5,30%	-9,39%
MovAv 15	4,26%	9,25%	9,52%	-11,84%
MovAv 10	3,28%	15,31%	9,29%	-14,93%
MovAv 3	7,41%	26,10%	15,81%	13,70%
MovAvCross 15/30	6,92%	19,08%	42,13%	-0,87%
MovAvCross 10/15	11,18%	11,41%	10,11%	-6,48%
Expo. MovAv 15	7,30%	12,12%	7,38%	-8,80%
Bollinger 20 1,8	-0,12%	19,86%	34,16%	11,43%
Bollinger 20 2,0	-1,53%	19,57%	43,57%	12,98%
Envelopes 20 3,5 3,5	8,90%	18,80%	20,82%	-9,26%
Envelopes 20 3,0 3,0	10,53%	16,77%	12,25%	-9,46%
Momentum 12	8,18%	11,11%	-6,33%	-8,73%
Momentum 25	8,86%	16,54%	12,90%	0,05%
RSI 14	2,09%	9,75%	41,26%	6,60%
Williams %R	2,09%	24,74%	15,61%	9,53%
TRIX	7,46%	11,03%	25,62%	-3,76%
1-2-3-4er	4,65%	27,23%	13,87%	14,16%

Tab. 1 Gesamt-Renditen der Indikatoranwendung bezogen auf den Startzeitpunkt(-wert)

Überrendite

Indikator	GARCH ∅	ARMA-GARCH ∅	DAX	INDIZES ∅
MovAv 30	9,48%	-15,85%	-3,07%	-3,50%
MovAv 20	9,39%	-17,27%	-8,58%	-6,02%
MovAv 15	4,07%	-18,70%	5,73%	-8,63%
MovAv 10	3,31%	-14,37%	5,51%	-11,94%
MovAv 3	7,42%	-6,82%	11,80%	17,52%
MovAvCross 15/30	5,58%	-11,64%	37,21%	2,46%
MovAvCross 10/15	8,79%	-17,02%	6,30%	-4,11%
Expo. MovAv 15	6,87%	-16,49%	3,66%	-5,14%
Bollinger 20 1,8	-1,09%	-7,97%	29,51%	15,02%
Bollinger 20 2,0	-2,67%	-8,10%	38,59%	16,81%
Envelopes 20 3,5 3,5	7,42%	-12,38%	16,63%	-6,16%
Envelopes 20 3,0 3,0	9,22%	-13,27%	8,36%	-6,30%
Momentum 12	7,23%	-17,75%	-9,57%	-5,72%
Momentum 25	7,01%	-13,87%	8,99%	3,13%
RSI 14	1,46%	-15,10%	36,37%	9,43%
Williams %R	0,81%	-5,54%	11,60%	11,76%
TRIX	7,12%	-16,44%	21,27%	-0,71%
1-2-3-4er	2,62%	-2,95%	9,92%	18,22%

Tab. 2 Überrenditen der Indikatoranwendung bezogen auf die Entwicklung des Basiskurses

In Tabelle 1 und 2 stechen vor allem der 3er SMA, das Crossing von 15er und 30er SMA, das Bollinger Band, die Envelopes sowie der RSI 14 und der 1-2-3-4er mit guten Renditen hervor.

Kriterium Positive Rendite bei gleichzeitiger Überrendite

Die abgebildeten Equity-Kurven und Tabellen beruhen wie beschrieben auf 50 Simulationen. Hierbei muss beachtet werden, dass die dabei ermittelten mittleren Renditen in den Modellen keine entscheidende Aussagekraft besitzen. Unter Einbezug eines Konfidenzniveaus mit einem Vertrauensbereich von 95 Prozent wären bei der ermittelten Standardabweichung über 1000 Simulationen notwendig. Erst ab dieser Simulationsanzahl schwanken die Renditen nur noch maximal 50 Prozent um ihren Mittelwert, bei der überwiegenden Mehrheit der Indikatoren. Da eine solche Anzahl, welche sich nur auf einen Basiswert bezieht, schon mit dem Grundansatz bzw. dem Ziel der Indikatoren-Anwendung widerspricht, soll in diese Richtung nur noch partiell weiter gegangen werden. Die technischen Indikatoren wurden mit dem Ziel entwickelt, für verschiedenste Indizes und Aktien eingesetzt zu werden und nicht nur für einen Titel. Es ist für einen Investor auch nicht möglich sich 50 Werte, welche dem DAX-Kurs entsprechen, ins Depot zu legen um damit im Mittel eine bestimmte Rendite zu erzielen.

Aus diesem Grund wird ein anderer Ansatz verfolgt. Technische Indikatoren finden häufig ihren Einsatz als Handelsstrategie und sind Teil automatischer Handelssysteme. Deren Anwendung ergibt nur dann Sinn, wenn sie einerseits eine positive Rendite erzielen, und andererseits gleichzeitig eine höhere Rendite erzielen als der Basiswert. Positiv, deswegen weil sonst das Kapital unverzinst aber sicher als Cash gehalten werden könnte. Besser als der Basiswert, da sonst auch ohne Einsatz des Handelssystems, die gleiche Rendite erzielt werden könnte.

So soll der Frage nachgegangen werden, mit welcher Wahrscheinlichkeit der Einsatz eines Handelssystems sinnvoll oder nicht sinnvoll gewesen wäre. Mit dem Ansatz der genannten Kriterien erfolgt zugleich auch eine Bereinigung um die Renditeentwicklung des Basiswertes. Jede Kurs-Simulation und jeder Kurs einer Realzeitreihe, auf welche ein Handelssystem auf Basis eines bestimmten Indikators angewendet wird, stellt hierbei einen Anwendungsfall dar. Die Summe der Anwendungsfälle, bei denen die Kriterien erfüllt sind, wird ins Verhältnis zur Summe aller Anwendungsfälle gestellt. Um den Einsatz zu rechtfertigen, müsste entsprechend die Wahrscheinlichkeit über 50 Prozent liegen.

In Tabelle 3 der Folgeseite zeigen die nach rechts gerichteten Balken, dass der Einsatz eines bestimmten Handelssystems sinnvoll gewesen wäre. Balken die nach links zeigen, signalisieren dem zufolge, dass die Verwendung des Indikators als Handelsstrategie nicht sinnvoll gewesen wäre. Die angegebenen Werte bei den Modellen und den Indizes ergeben sich aus der Wahrscheinlichkeit abzüglich des 50-Prozent-Kriteriums. Beim DAX wurde, um eine Vergleichsbasis zu erhalten, von der Indikator-Rendite die Rendite des Basiswerts abgezogen. Gleiches gilt beim DAX für Tabelle 4. In Tabelle 4 sind die eigentlichen Wahrscheinlichkeiten angegeben.

Der Kontrast dient dem Vergleich, in wie weit das GARCH- und das ARMA-GARCH-Modell auf die Original DAX-Zeitreihe anwendbar sind. Die Werte für die Indizes stellen eine Vergleichsbasis dar, in wie weit die Modelle generell für derartige Zeitreihen eingesetzt werden können.

Indikator	GARCH ∅	ARMA-GARCH ∅	DAX	INDIZES ∅
MovAv 30	-12,00%	-44,00%	-3,18%	-40,00%
MovAv 20	-18,00%	-48,00%	-8,89%	-50,00%
MovAv 15	-26,00%	-46,00%	-6,91%	-40,00%
MovAv 10	-26,00%	-42,00%	17,09%	-40,00%
MovAv 3	-12,00%	-16,00%	12,22%	20,00%
MovAvCross 15/30	-22,00%	-34,00%	38,55%	-20,00%
MovAvCross 10/15	-10,00%	-38,00%	6,52%	-20,00%
Expo. MovAv 15	-26,00%	-44,00%	3,79%	-40,00%
Bollinger 20 1,8	-24,00%	-32,00%	30,57%	20,00%
Bollinger 20 2,0	-24,00%	-22,00%	39,98%	30,00%
Envelopes 20 3,5 3,5	-20,00%	-38,00%	17,23%	-40,00%
Envelopes 20 3,0 3,0	-28,00%	-38,00%	8,66%	-40,00%
Momentum 12	-18,00%	-44,00%	-9,92%	-40,00%
Momentum 25	-16,00%	-36,00%	9,31%	-20,00%
RSI 14	-26,00%	-32,00%	37,68%	10,00%
Williams %R	-28,00%	-10,00%	12,02%	10,00%
TRIX	-18,00%	-32,00%	22,03%	-30,00%
1-2-3-4er	-22,00%	-14,00%	10,28%	40,00%

Tab. 3 Kriterienerfüllung der Indikatoren nach Abzug des Mindestmaß

Signal	GARCH ∅	ARMA-GARCH ∅	DAX	INDIZES ∅
MovAv 30	38,00%	6,00%	-3,18%	10,00%
MovAv 20	32,00%	2,00%	-8,89%	0,00%
MovAv 15	24,00%	4,00%	-6,91%	10,00%
MovAv 10	24,00%	8,00%	17,09%	10,00%
MovAv 3	38,00%	34,00%	12,22%	70,00%
MovAvCross 15/30	28,00%	16,00%	38,55%	30,00%
MovAvCross 10/15	40,00%	12,00%	6,52%	30,00%
Expo. MovAv 15	24,00%	6,00%	3,79%	10,00%
Bollinger 20 1,8	26,00%	18,00%	30,57%	70,00%
Bollinger 20 2,0	26,00%	28,00%	39,98%	80,00%
Envelopes 20 3,5 3,5	26,00%	12,00%	17,23%	10,00%
Envelopes 20 3,0 3,0	34,00%	12,00%	8,66%	10,00%
Momentum 12	32,00%	6,00%	-9,92%	10,00%
Momentum 25	34,00%	14,00%	9,31%	30,00%
RSI 14	24,00%	18,00%	37,68%	60,00%
Williams %R	22,00%	40,00%	12,02%	60,00%
TRIX	32,00%	18,00%	22,03%	20,00%
1-2-3-4er	28,00%	36,00%	10,28%	90,00%

Tab. 4 Kriterienerfüllung der Indikatoren ohne Mindestmaßbereinigung

In den Tabellen 3 und 4 ist zu erkennen, dass bei Anwendung auf die Simulationen keiner der betrachteten Indikatoren die auferlegten Kriterien erfüllte. Die höchsten Werte erreichen gerade 40 Prozent, womit der Wert des Mindestmaßes immer noch unterschritten ist. Wird nur die Kriterienerfüllung herangezogen, so deckt sich das Ergebnis mit der vorangestellten Vermutung, dass in der Realität z.B. nur eine Self-Fulfilling Prophecy vorliegt, zumindest bei der betrachteten DAX-Zeitreihe.

Diese Aussage wird allerdings unter dem Vorbehalt bzw. der Annahme getroffen, dass die Modelle eine sehr hohe Anpassungsgüte an die DAX-Zeitreihe aufweisen.

Eine zusätzliche Berücksichtigung der Überrenditen bei den Simulationen, ließe zumindest beim GARCH-Modell für die meisten Indikatoren eine gegenteilige Aussage zu. Angenommen, die Parameter im ARMA-GARCH-Modell hätten zu einer weit geringeren durchschnittlichen Rendite in den Simulationen geführt, so wären die Ergebnisse wohl ähnlich dem GARCH-Modell ausgefallen. Denn die starke Renditeentwicklung bei der ARMA-GARCH-Simulation stellt hohe Anforderungen an ein Handelssystem, welches auf stärkere Kursrücksetzer angewiesen ist. In diese Richtung auswertend, ließe sich die generelle Annahme einer Self-Fulfilling Prophecy nicht mehr bestätigen. Da ein adäquater Vertrauensbereich nicht erreicht werden konnte, soll dieses Resultat wie bereits erwähnt, zunächst außen vor bleiben.

Bezüglich der Modell-Vergleiche in Tabelle 4 fällt auf, dass bei Betrachtung der Kontraste das ARMA-GARCH-Modell besser zur Originalzeitreihe und den Indizes zu passen scheint. Hierzu eine kurze Erläuterung. Unter der Annahme einer guten Anpassung des jeweiligen Modells an die Originalzeitreihe, sollten die Indikatoren im gleichen Verhältnis zueinander gut oder schlecht funktionieren. Sie sollten daher bspw. in der Originalzeitreihe und dem Modell eine zumindest ähnliche Rangfolge ihrer Funktionalität besitzen. Das ist dem Faktum geschuldet, dass jeder Indikator im Prinzip ein eigenes Werkzeug zur Zeitreihenanalyse darstellt und somit bei vergleichbaren Zeitreihen, dementsprechende vergleichbare Ergebnisse liefern sollte. Der beste Indikator innerhalb der Originalzeitreihe sollte demnach auch der beste unter den anderen Indikatoren im Modell sein. Diese Annahme wird zugelassen, weil beim Kriterientest auf die Simulationen, selbst die besten Standard-Indikatoren eine Antithese einer Self-Fulfilling Prophecy nicht bestätigen konnten. Andernfalls käme es zu einer widersprüchlichen Auswertung. Gleichzeitig beschränkt sich damit die Aussagekraft dieser Anpassungsart auf den Kriterientest.

Um die Vergleichbarkeit zu verbessern, ist es notwendig eine Normierung durchzuführen. Eine Möglichkeit besteht darin, den Beitrag eines jeden Indikators zu einem festgelegten Gesamtergebnis, z.B. 100 Prozent, zu bestimmen. Wenn das Modell eine gute Anpassung zur Originalzeitreihe darstellt, müssten die Beiträge sich jeweils ähneln. Folglich sollte die Differenz zwischen dem Beitrag eines Indikators im Modell und dem Beitrag in der Original-Zeitreihe möglichst gering sein. Die Summe dieser Differenzen über alle Indikatoren hinweg, gibt Auskunft wie gut die Modell-Anpassung war. Umso niedriger die Summe umso besser die Anpassung. In Tabelle 5 auf Seite 76 werden die normierten Werte dargestellt und die Ergebnisse des erklärten Anpassungstest in Tabelle 6. Basis dafür bilden die ermittelten Werte der Kriterienerfüllung aus Tabelle 4.

In dieser Betrachtung, siehe Tabelle 6, zeigt sich, dass das ARMA-GARCH-Modell das bessere Modell ist. Einmal im direkten Vergleich und wenn sich die Vergleiche mit den Indizes angeschaut werden. Der Vergleich der Ergebnisse beim ARMA-GARCH-Modell mit den Indikatorergebnissen beim DAX und den Indizes deutet darauf hin, dass dieses Modell offenbar gut geeignet ist zur Erzeugung derartiger Finanzzeitreihen.

Indikator	GARCH	ARMA-GARCH	DAX	Indizes
MovAv 30	7,14%	2,07%	2,21%	1,64%
MovAv 20	6,02%	0,69%	0,99%	0,00%
MovAv 15	4,51%	1,38%	4,16%	1,64%
MovAv 10	4,51%	2,76%	4,11%	1,64%
MovAv 3	7,14%	11,72%	5,51%	11,48%
MovAvCross 15/30	5,26%	5,52%	11,14%	4,92%
MovAvCross 10/15	7,52%	4,14%	4,29%	4,92%
Expo. MovAv 15	4,51%	2,07%	9,43%	1,64%
Bollinger 20 1,8	4,89%	6,21%	11,45%	11,48%
Bollinger 20 2,0	4,89%	9,66%	5,81%	13,11%
Envelopes 3,5 3,5	4,89%	4,14%	3,98%	1,64%
Envelopes 3,0 3,0	6,39%	4,14%	0,00%	1,64%
Momentum 12	6,02%	2,07%	4,12%	1,64%
Momentum 25	6,39%	4,83%	5,09%	4,92%
RSI 14	4,51%	6,21%	10,95%	9,84%
Williams %R	4,14%	13,79%	5,46%	9,84%
TRIX	6,02%	6,21%	3,70%	3,28%
1-2-3-4er	5,26%	12,41%	7,61%	14,75%

Tab. 5 Erfolgsbeiträge der Einzelindikatoren

ARMA-GARCH vs. DAX	0,50
GARCH vs. DAX	0,55
ARMA-GARCH vs. INDIZES	0,32
GARCH vs. INDIZES	0,79
DAX vs. INDIZES	0,54

Tab. 6 Vergleich der Anpassungsgüte

Die Unterschiede liegen in den Ausprägungen der Modelle. Erkennbar werden diese bei der Analyse der grafischen Abbildungen der einzelnen, aus den Simulationen resultierenden Kurse. Folglich liegen sie in den Ausprägungen der Modelle, auf welche die Indikatoren je nach ihrer Einstellung und angelegten zeitlichen Horizont reagieren.

Für die genannten Fristigkeiten, sollen folgende Zeitrahmen in dieser Auswertung gelten.
Kurzfristig: bis zu 10 Handelstagen;
Mittelfristig: 11 bis 30 Handelstage;
Langfristig: länger als 30 Handelstage.

Im GARCH(1,1)-Modells sind die Kurse von schwachen mittel- bis langfristigen Trends geprägt. Dies spiegelt sich in der Funktionalität der jeweiligen Moving Averages wider, zu denen indirekt auch der TRIX gehört. Innerhalb dieser Trends existieren teilweise kurzfristige Trends. Kursschwankungen während dieser Trends fallen allerdings sehr gering aus. Dies führt zwar zu guten Ergebnissen innerhalb der Gruppe der Moving Averages. Bei den Oszillatoren, welche stärkere Schwankungen innerhalb eines schwachen Trends (bspw. Bollinger Bänder) oder während Seitwärtsbewegungen (RSI und Williams %R) benötigen, führt dies jedoch zu unterdurchschnittlichen Ergebnissen.

Aus dem ARMA-GARCH-Modell ergeben sich Kurse, welche teilweise langfristige Trends mit Längen von weit über 30 Tagen sowie viele Seitwärtsbewegungen aufweisen. Innerhalb der Trends und Seitwärtsbewegungen gibt es geringe und starke Schwankungen. Häufig sind diese Ausschläge auch trendeinleitend. Die starken Schwankungen stellen teilweise eigene kurzfristige Trends dar. Aus den starken Schwankungen resultieren überdurchschnittliche Ergebnisse in der Oszillatorgruppe und bei den Bollinger Bändern. Kurzfristige Trends sorgen für entsprechendes beim Moving Average der Länge 3. Der 1-2-3-4er profitiert von den langen Trends mit stärkeren Schwankungen.

Bei der Originalzeitreihe, dem DAX, herrschen starke und sehr lange Trends vor, innerhalb derer wiederum starke, kurzfristige Trends mit Längen unter 10 Handelstagen häufig vorkommen. Diese erzeugen bei mittelfristigen Moving Averages viele Fehlsignale, sorgen jedoch beim sehr kurzfristigen Moving Average der Länge 3 für bessere Ergebnisse. Seitwärtstrends sind kaum vorhanden. Da aber innerhalb der Trends starke Schwankungen existieren, funktionieren hier auch die Oszillatoren relativ gut. Die genannten Trends von unter 10 Handelstagen und der langanhaltende Absturz zum Ende des ersten Drittels der DAX-Reihe, wirken sich allerdings negativ auf die Ergebnisse des 1-2-3-4er aus.

6.4 Ergebnisse der Indikator-Modifikationen und Kombinationen in Zahlen

6.4.1 Envelopes-Modifikation

Gesamt-Rendite				
Indikator	GARCH	ARMA-GARCH	DAX	INDIZES
Envelopes 20 3,5 3,5	8,90%	18,80%	20,82%	-9,26%
Envelopes 20 3,0 3,0	10,53%	16,77%	12,25%	-9,46%
Envelopes 30o20u 5,8 5,6	8,09%	32,65%	44,35%	6,59%
Überrendite				
Envelopes 20 3,5 3,5	7,42%	-12,38%	16,63%	-6,16%
Envelopes 20 3,0 3,0	9,22%	-13,27%	8,36%	-6,30%
Envelopes 30o20u 5,8 5,6	3,73%	-2,09%	39,36%	9,81%
rel. Verbess./Verschl. bzgl. Gesamt-Rendite vs.				
Envelopes 20 3,5 3,5	-0,75%	11,66%	19,48%	17,47%
Envelopes 20 3,0 3,0	-0,49%	3,18%	6,42%	3,21%
Kriterienerfüllung				
Envelopes 20 3,5 3,5	26,00%	12,00%	Ja	10,00%
Envelopes 20 3,0 3,0	34,00%	12,00%	Ja	10,00%
Envelopes 30o20u 5,8 5,6	30,00%	46,00%	Ja	50,00%

Tab. 7 Renditen und Kriterienerfüllung der Envelopes-Modifikation

Beim DAX wurden die Kriterien, den Werten der Rendite und Überrendite entsprechend unterschiedlich gut erfüllt.

Die Auswertung der Überrendite und Kriterienerfüllung offenbart die großen Vorteile dieser Indikator-Modifizierung gegenüber ihren Standard-Versionen im Analysezeitraum. Nur in Anwendung auf die GARCH-Simulation kommt es zu einer Verschlechterung der Ergebnisse. Da die Ergebnisse auch bei den Indizes verbessert wurden obwohl die Anpassung nur auf den DAX vollzogen wurde, kann eine Self-Fulfilling Prophecy wohl ausgeschlossen werden.

6.4.2 Momentum-Modifikation

Eine nur schwache Verbesserung bei der DAX-Zeitreihe neben den Verschlechterungen bei allen anderen Zeitreihen, lässt darauf schließen, dass diese Modifikation des Momentum nur wenig Sinn macht. Das sehr schlechte Resultat in der Kriterienerfüllung bei den Indizes und der ARMA-GARCH-Simulation, lässt somit auch einen wahrscheinlichen Misserfolg eines darauf aufbauenden Handelssystems erwarten.

Gesamt-Rendite				
Indikator	GARCH	ARMA-GARCH	DAX	INDIZES
Momentum 25 ohne Best.	8,86%	16,54%	12,90%	0,06%
Momentum 25 mit Best.	7,74%	13,65%	14,87%	-4,88%
Überrendite				
Momentum 25 ohne Best.	7,01%	-13,87%	8,99%	3,13%
Momentum 25 mit Best.	5,37%	-15,67%	10,90%	-1,93%
rel. Verbess./Verschl. bzgl. Gesamt-Rendite vs.				
Momentum 25 ohne Best.	-1,03%	-2,48%	1,75%	-4,94%
Kriterienerfüllung				
Momentum 25 ohne Best.	34,00%	14,00%	Ja	30,00%
Momentum 25 mit Best.	32,00%	12,00%	Ja	10,00%

Tab. 8 Renditen der Momentum-Modifikation

6.4.3 1-2-3-4er-Modifikation

Über die beschriebene Analyse konnte ein vielversprechender Indikator konstruiert werden. Der Erfolgsrückgang für die Kriterienerfüllung bei den Indizes, ist dem Fakt geschuldet, dass diese Modifikation speziell auf einer Analyse der DAX-Zeitreihe basiert. Das stark gesteigerte Ergebnis für eben diese, könnte allerdings ermutigen, die gleiche Analyse für die jeweiligen Indizes durchzuführen. Auf diese Weise, sollten sich theoretisch für jede solcher Finanzzeitreihen spezielle Indikatoren entwickeln lassen, die auf die jeweiligen Eigenschaften eingehen. Wird die in Tabelle 9 erfasste Überrendite für die GARCH-Simulation und die nahezu nachgebildete Renditeentwicklung für die ARMA-GARCH-Simulation betrachtet, so kann bei diesem Indikator nicht mehr von einer typisch selbsterfüllenden Prophezeiung gesprochen werden. Grund dafür ist schon der geringe Bekanntheitsgrad des Basis-Indikators.

Gesamt-Rendite				
Indikator	GARCH	ARMA-GARCH	DAX	INDIZES
1-2-3-4er	4,65%	27,23%	13,87%	14,16%
1-2-3-4-5er B2SMA3	8,16%	35,62%	35,46%	6,66%
Überrendite				
1-2-3-4er	2,62%	-2,95%	9,92%	18,22%
1-2-3-4-5er B2SMA3	3,29%	-0,80%	36,25%	9,12%
rel. Verbess./Verschl. bzgl. Gesamt-Rendite vs.				
1-2-3-4er	3,36%	6,60%	18,96%	-6,57%
Kriterienerfüllung				
1-2-3-4er	28,00%	36,00%	Ja	90,00%
1-2-3-4-5er B2SMA3	28,00%	34,00%	Ja	60,00%

Tab. 9 Renditen der 1-2-3-4er-Modifikation (1-2-3-4-5er Buy to SMA 3)

6.4.4 Signal-Kombination von Crossing Simple Moving Average und Bollinger Band

Als der erfolgreichste Indikator aller Untersuchten, stellte sich diese Kombination zweier Indikatoren heraus. Daraus zeigt sich auch, dass die Kombination der beiden Indikatoren zu einer höheren Rendite führt als wenn sie einzeln angewendet würden. Hervorzuheben in Tabelle 10 ist die Kriterienerfüllung bei den Indizes. Ein Handelssystem auf Basis dieser Kombination hätte bei allen Einzel-Indizes zu einer positiven Rendite bei gleichzeitiger Überrendite geführt. Das mittelmäßige Abschneiden bei den Simulationen deutet auf eine Self-Fulfilling Prophecy hin, welche von den Signalen des sehr verbreiteten Bollinger Bandes herrührt.

Gesamt-Rendite				
Indikator	GARCH	ARMA-GARCH	DAX	INDIZES
MovAvKreuz1530	6,92%	19,08%	42,13%	-0,87%
Bollinger 20 2,0	-1,53%	19,57%	43,57%	12,98%
Ø d. verwend. Indikatoren	2,69%	19,33%	42,85%	6,06%
CrossMovAv-BollB	**7,46%**	**22,14%**	**50,03%**	**18,20%**
Überrendite				
MovAvKreuz1530	5,58%	-11,64%	37,21%	2,46%
Bollinger 20 2,0	-2,67%	-8,10%	38,59%	16,81%
Ø d. verwend. Indikatoren	1,45%	-9,87%	37,90%	9,64%
CrossMovAv-BollB	**7,12%**	**-6,92%**	**44,83%**	**22,43%**
rel. Verbess./Verschl. bzgl. Gesamt-Rendite vs.				
MovAvKreuz1530	0,51%	2,56%	5,56%	19,24%
Bollinger 20 2,0	9,13%	2,14%	4,50%	4,62%
Ø d. verwend. Indikatoren	4,64%	2,35%	5,03%	11,45%
Kriterienerfüllung				
CrossMovAv-BollB	**18,00%**	**32,00%**	**Ja**	**100,00%**

Tab. 10 Renditen der Signal-Kombination von Crossing SMA 15/30 und Bollinger Band

6.4.5 Indikatoren-Kombination über Mindest-Signalanzahl

Mit dieser Möglichkeit der Indikatoren-Kombination lassen sich ebenfalls gute Resultate erzielen hinsichtlich Kriterienerfüllung und Überrendite, allerdings eher bei den Indizes als bei der DAX-Zeitreihe. Der Durchschnitt der involvierten Indikatoren kann beim DAX nur geringfügig übertroffen werden, wie in Tabelle 11 ablesbar ist.

Gesamt-Rendite				
Indikator	GARCH	ARMA-GARCH	DAX	INDIZES
MovAv3	7,41%	26,10%	15,81%	13,70%
MovAvKreuz1530	6,92%	19,08%	42,13%	-0,87%
Bollinger 20 2,0	-1,53%	19,57%	43,57%	12,98%
Envelopes 3,0 3,0	10,53%	16,77%	12,25%	-9,46%
Momentum 25	8,86%	16,54%	12,90%	0,06%
1-2-3-4er	4,65%	27,23%	13,87%	14,16%
RSI 14	2,09%	9,75%	41,26%	6,60%
Williams %R	2,09%	24,74%	15,61%	9,53%
TRIX	7,46%	11,03%	25,62%	-3,76%
Ø d. verwend. Indikatoren	5,39%	18,98%	24,78%	4,77%
Signal-Kombinat. >=2 von 9	**5,88%**	**26,07%**	**24,82%**	**22,53%**
Überrendite				
MovAv3	7,42%	-6,82%	11,80%	17,52%
MovAvKreuz1530	5,58%	-11,64%	37,21%	2,46%
Bollinger 20 2,0	-2,67%	-8,10%	38,59%	16,81%
Envelopes 3,0 3,0	9,22%	-13,27%	8,36%	-6,30%
Momentum 25	7,01%	-13,87%	8,99%	3,13%
1-2-3-4er	2,62%	-2,95%	9,92%	18,22%
RSI 14	1,46%	-15,10%	36,37%	9,43%
Williams %R	0,81%	-5,54%	11,60%	11,76%
TRIX	7,12%	-16,44%	21,27%	-0,71%
Ø d. verwend. Indikatoren	4,29%	-10,42%	20,46%	8,04%
Signal-Kombinat. >=2 von 9	**5,47%**	**-5,23%**	**20,50%**	**26,00%**
rel. Verbess./Verschl. bzgl. Gesamt-Rendite vs.				
MovAv3	-1,43%	-0,02%	7,78%	7,77%
MovAvKreuz1530	-0,98%	5,87%	-12,18%	23,61%
Bollinger 20 2,0	7,52%	5,44%	-13,05%	8,45%
Envelopes 3,0 3,0	-4,21%	7,97%	11,20%	35,33%
Momentum 25	-2,74%	8,18%	10,56%	22,46%
1-2-3-4er	1,18%	-0,90%	9,62%	7,34%
RSI 14	3,71%	14,88%	-11,64%	14,94%
Williams %R	3,71%	1,07%	7,97%	11,87%
TRIX	-1,48%	13,55%	-0,63%	27,33%
Ø d. verwend. Indikatoren	0,46%	5,96%	0,04%	16,95%
Kriterienerfüllung				
Signal-Kombinat. >=2 von 9	**32,00%**	**26,00%**	**Ja**	**80,00%**

Tab. 11 Renditen der Indikatorkombination über Mindest-Signalanzahl

Darüber hinaus erzeugen einige Einzelindikatoren weit bessere Renditen als die Kombination. Vergleichbar dem DAX-Ergebnis fällt auch das Ergebnis für die GARCH-Simulation aus. Für ein Handelssystem wäre eine solche Signal-Kombination nur bedingt empfehlenswert und wenn dann bei den Indizes. Das Heranziehen nur einer Kombination aus einer nahezu unendlichen Anzahl von Kombinationsmöglichkeiten ist für andere Marktteilnehmer theoretisch nicht berechenbar. Von einer Self-Fulfilling Prophecy könnte daher theoretisch nicht ausgegangen werden, was auch die Überrendite bei der GARCH-Simulation verdeutlicht.

7. Backtesting

Die Indikatoren wurden bisher auf einen bestimmten Zeitraum getestet und mit Analysen optimiert. Die Ergebnisse beruhen folglich auf einem Zeitraum der zu einem bestimmten Datum endet und somit diese Resultate bei Feststellung auf vergangenen Daten beruhen. Sollen mit den Erkenntnissen bestimmte Entscheidungen für die Zukunft getroffen werden, z.B. der Einsatz eines ausgewählten Indikators, so stellt sich die Frage, ob sich dessen Erfolg fortsetzt. Mittels der Analyse eines vergangenen Betrachtungszeitraums wird versucht eine Prognose für die Zukunft zu treffen. Werkzeuge die sich in der Vergangenheit bewährt haben, sollen in zukünftigen Zeiträumen angewendet werden. Das Backtesting untersucht genau diese Prognosefähigkeit. Für die Indikatoren bedeutet dies, dass in der Vergangenheit erzielte Renditen auch für eine Folgeperiode weiterhin erwirtschaftet werden müssten.

Da der Zeitraum beim Backtesting weitaus kürzer ist als der Analysezeitraum, muss eine Vergleichsbasis geschaffen werden. Hierzu wird auf die erzielte Tagesrendite abgestellt. Des Weiteren wird wie bisher die Überrendite aufgeführt, um eine Bereinigung um die Basiswertentwicklung vorzunehmen. Beides findet sich in der folgenden Tabelle 12. Betrachtet wird nur die Entwicklung in der Fortführung der Originalzeitreihe auf der alle Analysen beruhen. Im Backtesting-Zeitraum wird das Depot dabei nicht neu eröffnet, sondern die bisherigen Positionen ebenfalls fortgeführt und dabei die Entwicklung für den neuen Zeitraum berechnet.

Indikator	DAX Gesamtrendite	Analyse-Zeit Ø Tagesrendite	Überrendite absolut, Tagl.	Backtesting Ø Tagesrendite	Überrendite absolut, Tagl.
MovAv 30	0,40%	0,0009%	-0,0067%	0,0517%	-0,0134%
MovAv 20	-5,30%	-0,0117%	-0,0192%	0,0471%	-0,0180%
MovAv 15	9,52%	0,0195%	0,0119%	0,0200%	-0,0451%
MovAv 10	9,29%	0,0190%	0,0115%	0,0138%	-0,0789%
MovAv 3	15,81%	0,0314%	0,0239%	0,0126%	-0,0777%
CrossMovAv 15/30	42,13%	0,0753%	0,0678%	0,0086%	-0,0565%
CrossMovAv 10/15	10,11%	0,0206%	0,0131%	0,0033%	-0,0618%
Expo. MovAv 15	7,38%	0,0152%	0,0077%	0,0420%	-0,0231%
Bollinger 20 1,8	34,16%	0,0629%	0,0554%	0,0939%	0,0288%
Bollinger 20 2,0	43,57%	0,0775%	0,0699%	0,1140%	0,0489%
Envelopes 20 3,5 3,5	20,82%	0,0405%	0,0330%	0,0425%	-0,1076%
Envelopes 20 3,0 3,0	12,25%	0,0247%	0,0172%	0,0425%	-0,1076%
Momentum 12	-6,33%	-0,0140%	-0,0216%	0,0335%	-0,0316%
Momentum 25	12,90%	0,0260%	0,0184%	0,0118%	-0,0533%
RSI 14	41,26%	0,0740%	0,0665%	0,0000%	-0,0651%
Williams %R	15,61%	0,0311%	0,0235%	0,0911%	0,0260%
TRIX	25,62%	0,0488%	0,0413%	0,0667%	0,0016%
1-2-3-4er	13,87%	0,0278%	0,0203%	0,0039%	-0,0611%
Modifikationen/Kombinationen					
Envelopes 30o20u 5,8 5,6	44,35%	0,0786%	0,0711%	0,0000%	-0,0651%
Momentum 25 mit Best.	14,87%	0,0297%	0,0222%	0,0151%	-0,0500%
1-2-3-4-5er B2SMA3	41,14%	0,0738%	0,0663%	0,0026%	-0,0625%
Signal-Kombinat. >=2 von 9	24,82%	0,0475%	0,0399%	0,0607%	-0,0044%
CrossMovAv-BollB-Kombi.	50,03%	0,0869%	0,0794%	0,0944%	0,0293%

Tab. 12 Tagesrendite im Analysezeitraum und in der Backtesting-Phase

8. Zusammenfassung

Die ermittelten Ergebnisse geben ein sehr gemischtes Bild ab, je nachdem welcher Ansatz verfolgt wird und ob sich auf die Simulationen oder die Realzeitreihen berufen wird.

Beschränkt sich die Analyse nur auf die Originalzeitreihe, so ist der Einsatz von Indikatoren überwiegend erfolgreich, mit teils erstaunlichen Renditen. Davon zeugen das Bollinger Band, der Relative Strength Index oder das Kreuzen der Simple Moving Averages. Bei den Indizes konnte der 1-2-3-4er hervorstechen. Auch der sehr kurzfristige 3er Simple Moving Average erzielte gute Ergebnisse.

Im Backtesting konnte jedoch nur das Bollinger Band, der Williams %R und eine Indikatorkombination bestehen. Grund dafür kann die Kürze des Zeitraums sein, indem längerfristig agierende Indikatoren zu wenig Signale liefern oder wie der Relative Strength Index sogar überhaupt kein Signal generieren. Da aber auch andere, kurzfristig orientierte Indikatoren wie der 3er Simple Moving Average schlecht abschneiden ist dieser Grund nicht tragfähig. Demnach, lässt sich die Aussage treffen, dass Indikatoren die sich in der Vergangenheit bewährten, nicht unbedingt zukünftig erfolgreich sind. Einen Beweis dafür erbringen z.B. die Envelopes- und die 1-2-3-4er-Modifikation welche auf den Analysezeitraum optimiert wurden, aber im Backtesting unter den gleichen Einstellungen versagen. Es bestätigt sich, die in der Branche bekannte Regel, dass frühere Wertentwicklungen kein sicheres Indiz für jene der Zukunft sind.

Bezugnehmend auf die Fragestellung, ob eine Self-Fulfilling Prophecy vorliegt, sind die Ergebnisse ebenfalls abhängig von der Sichtweise. Werden nur die Renditen bzw. Überrenditen betrachtet, widerlegen die Ergebnisse bei der GARCH-Simulation für viele Indikatoren diese Theorie, während bei der ARMA-GARCH-Simulation eine Bestätigung eintritt. Über die Auswertung der Kriterienerfüllung, welche eigentlich Auskunft über Funktionalität eines Handelssystems geben soll, zeigt sich wiederum eine volle Bestätigung einer selbst erfüllenden Prophezeiung. Dass die Ergebnisse bei den Indizes, zumindest für einige Indikatoren ein Handelssystem rechtfertigen, liegt an der weltweiten Verbreitung dieser Analysewerkzeuge. Die Theorie der Selbsterfüllung kann auf diese Weise nicht widerlegt werden.

Umso interessanter ist diesbezüglich die Auswertung der Modifikationen und Kombinationen. Theoretisch sollte bei ihnen keine Self-Fulfilling Prophecy möglich sein, einfach wegen ihrer individuellen Konstruktion. Dafür sprechen die Überrenditen bei der GARCH-Simulation und das im Vergleich zu den Standard-Indikatoren bessere Ergebnis bei der ARMA-GARCH-Simulation.

Hierzu gegensätzlich stehen die Ergebnisse der Kriterienerfüllung, was letztlich bedeutet, dass auch diese individuellen Indikatoren, wenn auch indirekt einer Selbsterfüllung unterliegen können. Eine Ursache ist die Verwendung von Signalen, welche von Standard-Indikatoren abstammen. Des Weiteren werden die Kurse ständig auch von anderen Marktteilnehmern analysiert, die ihrerseits daraus Handelsentscheidungen treffen. Dadurch ist es zusätzlich möglich, dass auch strukturell verschiedene Indikatoren trotzdem zur gleichen Zeit, das gleiche Signal liefern und sich somit gegenseitig beeinflussen.

Durch die unendliche Anzahl von Beeinflussungsmöglichkeiten, lässt sich eine Self-Fulfilling Prophecy niemals ausschließen.

Auf Basis dieser Erkenntnis lassen sich weitere Schlüsse ziehen. Wenn es nicht möglich ist, einen solchen Mechanismus auszuschließen, erscheint es sinnvoller genau diesen auszunutzen. Viele Akteure begegnen diesem Problem mit der Annahme, dass nur noch die maximale Reaktionsgeschwindigkeit eines automatischen Handelssystems einen Vorteil bringen könnte. Die Entstehung des umstrittenen Hochfrequenzhandels findet darin ihren Ursprung. Auf sehr kurzfristiger Ebene sind Vorteile durchaus denkbar. Sie sollten aber nicht in der rechtlich und ethisch fragwürdigen Erzeugung irreführender Marktsignale bestehen. Auf langfristiger Ebene verliert sich der Sinn des Hochfrequenzhandels schon aus systematischen Gründen.

9. FAZIT

Indikatoren bieten eine gute Entscheidungsgrundlage und können bei richtiger Anwendung als Handelsstrategie Renditen erzielen, welche über dem Basiswert liegen. Ein Beleg dafür ist das hier getestete Bollinger Band, dessen Anwendung sich auch langfristig als sinnvoll erweist.

Eigenkreationen können ebenfalls deutliche Vorteile bringen, wenn sie nicht auf einer überoptimierten Vergangenheitsanalyse beruhen.

Handelssysteme auf Indikatorbasis können funktionierende Werkzeuge darstellen, selbst wenn sie auf einer selbsterfüllenden Prophezeiung beruhen, sonst hätten sie sich bei unzähligen Instituten nicht etabliert.

Aus der in dieser Studie bestätigten Erkenntnis, dass sich frühere Rendite-Entwicklungen nicht fortsetzen müssen, stelle ich zudem eine andere Behauptung auf. Simulationen sollten besser zur Erstellung von Zukunftsszenarien verwendet werden, als für Tests auf Daten der Vergangenheit.

Bei allen ermittelten Vorteilen und Schwächen von Indikatoren sollte das reale Marktumfeld daher nie aus den Augen verloren werden.

A. Anhang

Modell	μ	alpha0	alpha1	alpha2	alpha3	β1	β2	β3
Garch (1,1)	5,5253E-04	4,6190E-06	9,3029E-02			8,8659E-01		
		.	***			***		
Garch (1,2)	5,5355E-04	4,7249E-06	9,3981E-02			8,8512E-01	1,0000E-08	
		.	**			**		
Garch (1,3)	5,6564E-04	5,0136E-06	1,0035E-01			8,4274E-01	1,0000E-08	3,4757E-02
		.	*			**		
Garch (2,1)	4,0447E-04	8,1417E-06	2,20E-03	1,3007E-01		8,3175E-01		
		.		.		***		
Garch (2,2)	5,3877E-04	1,0840E-05	1,3707E-02	1,7468E-01		6,3970E-02	6,9960E-01	
		*		***			***	
Garch (2,3)	4,7835E-04	1,2190E-05	1,8675E-02	2,1576E-01		5,7096E-02	2,6768E-02	6,2841E-01
		*		***				***
Garch (3,1)	4,0113E-04	8,4378E-06	1,5284E-03	1,3387E-01	1,0000E-08	8,2734E-01		
		.		*		***		
Garch (3,2)	5,2563E-04	1,8090E-05	9,1760E-03	*1,7346E-01*	1,9423E-02	2,9231E-02	*7,1653E-01*	
		.		***			***	
Garch (3,3)	4,7547E-04	1,2530E-05	1,6133E-02	2,0821E-01	2,5596E-02	1,0000E-08	4,0507E-02	6,5422E-01
		.		*				*
Arma(1,1)Garch(1,1)	6,1998E-04	4,4317E-06	*9,2683E-02*			*8,8787E-01*		
	mu	.	***			***		
Arma(1,2)Garch(1,1)	2,0833E-04	4,4357E-06	*9,2719E-02*			*8,8792E-01*		
		.	***			***		
Arma(2,1)Garch(1,1)	2,1261E-04	4,4544E-06	*9,2864E-02*			*8,8767E-01*		
		.	***			***		
Arma(2,2)Garch(1,1)	2,2080E-04	4,5271E-06	*9,2532E-02*			*8,8744E-01*		
		.	***			***		
Arma(2,3)Garch(1,1)	1,1395E-03	4,191E-06	9,8604E-02			8,8421E-01		
		.	***			***		
Arma(3,1)Garch(1,1)	8,8320E-04	4,3450E-06	9,5065E-02			8,8642E-01		
		.	***			***		
Arma(3,2)Garch(1,1)	9,6374E-04	4,3260E-06	*9,5124E-02*			*8,8648E-01*		
		.	***			***		
Arma(3,3)Garch(1,1)	4,8530E-04	4,4720E-06	*9,8700E-02*			*8,8200E-01*		
			**			***		

Tab. A1 Parameter für GARCH-Modelle und GARCH-Anteile des ARMA-GARCH-Modells

Model	ar1	ar2	ar3	ma1	ma2	ma3
Arma(1,1)Garch(1,1)	-1,3422E-01			2,0449E-01		
Arma(1,2)Garch(1,1)	6,5189E-01			-5,9549E-01	-9,3285E-02	
	***			**	*	*
Arma(2,1)Garch(1,1)	7,4993E-01	-1,0206E-01		-6,8749E-01		
	***	*		***		
Arma(2,2)Garch(1,1)	1,0000E+00	-3,6383E-01		-9,3901E-01	2,6310E-01	
Arma(2,3)Garch(1,1)	9,2327E-03	-7,8857E-01		6,5800E-02	8,1249E-01	8,0923E-02
		***			***	
Arma(3,1)Garch(1,1)	-4,1418E-01	-1,7267E-03	-5,8355E-02	4,8423E-01		
				.		
Arma(3,2)Garch(1,1)	-4,9796E-01	-7,4296E-02	-5,0998E-02	5,6909E-01	8,0434E-02	
Arma(3,3)Garch(1,1)	-5,3920E-01	1,6520E-01	5,7780E-01	5,8940E-01	-1,8690E-01	-6,6630E-01
	***		***	***	.	***

Tab. A2 ARMA-Anteile des ARMA-GARCH-Modells

Model	Log Likelihood	AIC/n	BIC/n
Garch (1,1)	1428,788	-5,710575	-5,676807
Garch (1,2)	1428,635	-5,705952	-5,663742
Garch (1,3)	1428,518	-5,701475	-5,650823
Garch (2,1)	1430,333	-5,712759	-5,670548
Garch (2,2)	1433,272	-5,720529	-5,669876
Garch (2,3)	1434,492	-5,721412	-5,662317
Garch (3,1)	1430,281	-5,708542	-5,65789
Garch (3,2)	1433,281	-5,716556	-5,657461
Garch (3,3)	1434,591	-5,717799	-5,650262
Arma(1,1)Garch(1,1)	1429,904	-5,707029	-5,656377
Arma(1,2)Garch(1,1)	1431,053	-5,707627	-5,648532
Arma(2,1)Garch(1,1)	1431,279	-5,708534	-5,649439
Arma(2,2)Garch(1,1)	1431,706	-5,706237	-5,638701
Arma(2,3)Garch(1,1)	1435,393	-5,717006	-5,641027
Arma(3,1)Garch(1,1)	1432,259	-5,708452	-5,640915
Arma(3,2)Garch(1,1)	1432,272	-5,704498	-5,628519
Arma(3,3)Garch(1,1)	1433,61	-5,705851	-5,62143

Tab. A3 Werte der Informationskriterien für die Modelle

11. Literaturverzeichnis

Cooper, Jeff (2000): Hit and Run Strategien: Präzises Timing für Day Trader und Kurzfrist-Anleger, 3. Auflage, München: Finanzbuch Verlag

Demmler, Horst (1993): Einführung in die Volkswirtschaftslehre, 4. Auflage, München: Oldenbourg Verlag

Franke, Jürgen; Härdle, Wolfgang; Hafner, Christian (2004): Einführung in die Statistik der Finanzmärkte, 2.Auflage, Berlin: Springer-Verlag

Kirchgässner, Gebhard; Wolters,Jürgen (2006): Einführung in die moderne Zeitreihenanalyse, WISO Lehrbücher, München: Vahlen

Klaus Neusser (2009): Zeitreihenanalyse in den Wirtschaftswissenschaften, 2.Auflage, Wiesbaden: Viehweg+Teubner

Lambert, Claus (1998-2013): Der Momentum-Indikator, Börsenbrief ChartTec.de
http://www.charttec.de/html/indikator_momentum.php [Stand 20.02.2013]

Mandelbrot, Benoit B. ; Hudson, Richard L. (2007): Fraktale und Finanzen. Märkte zwischen Risiko, Rendite und Ruin, 2.Auflage, München/Zürich: Piper

Markt Beobachtung 09 2012, HSBC Trinkaus Düsseldorf

Mazzoni, Thomas (2010): Skript: Zeitreihenanalyse Einstieg und Aufgaben, Fernuniversität Hagen

Müller, Thomas; Lindner, Wolfgang (2007): Das Große Buch der Technischen Indikatoren, Rosenheim: TM Börsenverlag AG

Rinne, Horst; Specht, Katja (2002): Zeitreihen: Statistische Modellierung, Schätzung und Prognose, München: Vahlen

Rottmann, Horst; Auer, Benjamin R.: Stationarität Version 7
http://wirtschaftslexikon.gabler.de/Archiv/88968/stationaritaet-v7.html

Ruppert, David (2011): Statistics and Data Analysis for Financial Engineering, New York: Springer

Saul, Michael (2005): Charting, Eine Einführung in die Methoden der Technischen Analyse, Kulmbach: Börsenmedien AG

Schlittgen, Rainer; Streitberg, Bernd H. J.(1994): Zeitreihenanalyse, 5. Auflage, München: Oldenbourg Verlag

Schlittgen, Rainer (2012): Angewandte Zeitreihenanalyse mit R, München: Oldenbourg Verlag

Thome, Helmut (2005): Zeitreihenanalyse, München: Oldenbourg Verlag

Zhao, Haiyan, (2010): Time-varying Coefficient Models With ARMA-GARCH Structures For Longitudinal Data Analysis, *Electronic Theses, Treatises and Dissertations*. Paper 527.

Autorenprofil

Dipl.-Kfm. Tristan Leichsenring wurde 1982 in Schlema geboren. Nach einer technischen Berufsausbildung entschied sich der Autor zum Abitur und anschließend zum Studium der Betriebswirtschaft, welches er 2013 an der Bergakademie Freiberg erfolgreich abschloss. Schon während des Studiums sammelte der Autor weitreichende Erfahrungen im Wertpapierhandel und beschäftigte sich zunehmend mit der technischen Analyse von Börsendaten.